Demian zur Strassen

# Selbstliebe und Entfaltung

Demian zur Strassen

# Selbstliebe und Entfaltung

Die Fünf Faktoren Authentischer Selbstentfaltung
und das »KASA-Syndrom«

Ein Arbeitsbuch

**Impressum**

SAMAYA WASI

Demian zur Strassen · demian@demianzurstrassen.com

Pasaje Espinosa N4-139 · Tumbaco, La Morita,

EC170184 · Ecuador

ISBN-10:1530812186

ISBN-13: 978-1530812189



Covergestaltung, Layout und Buchsatz: Helmut Pöppel · www.hpgrafik.de

Bildnachweis Coverfoto: istockphoto – »fragile relationships«

*Für Susana, meine geliebte Frau,*
*Kämpferin für ein menschlicheres Leben*
*und weise Hüterin des Kreises*

## Inhaltsverzeichnis

*»Du selbst verdienst,*
*genauso sehr wie jeder andere im gesamten Universum,*
*deine Liebe und Warmherzigkeit.«*

Buddha

# Wo es hingeht

Wie wäre es, wenn du dich mit dir selbst und deinen inneren Kraftquellen verbinden könntest, und zwar wann immer du willst? Was du dazu brauchst, hast du im Grunde immer bei dir. Auch genau in diesem Moment.

Du könntest das jetzt kurz ausprobieren: also einfach für einen Augenblick nach innen gehen, dich dir selbst zuwenden und ein paar sanfte Atemzüge nehmen – tief und sehr langsam und jeden Zentimeter auskostend.

Ja, mach das jetzt ruhig. Atme langsam und tief ein, fülle Bauch und Brust, und spüre, wie sich das anfühlt, dieses Sich-weit-Machen, Energie aufnehmen...

Wie fühlt es sich an? Merkwürdig? Begrenzt? Neutral? Oder warm, wohlig und liebevoll mit dir selbst verbunden? Wenn es dir leichter fällt, schließe jetzt für ein paar Momente die Augen, um dem nachzuspüren.

So ein kurzes Nach-innen-Gehen könnte sich immer gut anfühlen. Es könnte dein Herz weit machen und dich in Kontakt bringen mit deiner Selbstliebe – mit Liebe, die in dir selbst jederzeit zugänglich und verfügbar ist. Und es gibt kaum etwas, was dein Leben so zum Guten wenden kann, wie dies: Wenn ein einfaches Nach-innen-Gehen ausreicht, um dich mit deiner Selbstliebe zu verbinden.

Du hast dann einen Schlüssel in der Hand, der deinen Zugang zu dir selbst, deinen inneren Quellen und deiner Liebe öffnet – wann und wo immer du willst. Kannst du dir vorstellen, wie das dein Leben verändern kann?

»Den Zugang zu mir selbst und meiner Liebe öffnen«? Hört sich gut an, sagst du, ist aber schwer umzusetzen? Im Grunde sind dies ganz natürliche Fähigkeiten, die jedoch für die meisten von uns verschüttet sind.

In diesem Buch räume ich zum einen den mentalen Schotter aus dem Weg, unter dem unser Zugang zur Selbstliebe meist vergraben liegt, und zum anderen zeige ich dir Mittel und Wege, wie du deine Selbstliebe aktivieren und vertiefen kannst – wann und wo immer du willst.

Wenn du die empfohlenen Übungen anwendest, kann das auch mehr Liebe in deine Beziehungen bringen, denn je mehr Selbstliebe dich durchströmt, desto mehr Liebe wirst du geben und empfangen können. Und es wird dich stärker mit dir selbst verbinden, mit deinen innersten Quellen von seelischer Kraft, mit deinen Eigenschaften und Fähigkeiten als einzigartiges Wesen.

An anderer Stelle gehe ich stärker auf die Selbstliebe als Basis von Liebesbeziehungen ein. In diesem Buch geht es jedoch darum, sie als Quelle für die eigene persönliche Entwicklung zu erschließen. Um alle nötigen Elemente authentischer Entfaltung abzudecken, spreche ich im Mittelteil ausführlich über die »Fünf Faktoren« und am Ende über »ein natürliches Gesetz von Entfaltung und die vernachlässigte Schubkraft«, die dabei eine Rolle spielen.

Damit verfügst du dann über ein neues Verständnis und geeignete Werkzeuge, um deine eigene Entwicklung auf natürliche Art anzuschieben und mögliche Fallgruben zu vermeiden.

Du kannst dieses Buch natürlich als reinen Lesestoff benutzen, um ein paar Inspirationen und Aha-Erlebnisse daraus zu erhalten. Ich sprach jedoch bewusst von den »geeigneten Werkzeugen«, die es enthält, weil du am meisten davon haben wirst, wenn du es als Arbeits- und Übungs-Buch benutzt. Also ein Buch, was dir mit präzisen Hinweisen und Übungen hilft, deine Selbstliebe zu vertiefen, das in dir liegende Potenzial zu leben und deine Entwicklung über die unvermeidlichen Hürden zu bringen.

## Selbstbewusstsein, Selbstannahme oder Selbstliebe?

»*Brust raus, Schultern zurück und Kinn hoch!*« Wie oft habe ich als Jugendlicher solche Anweisungen gehört! Ich hatte mit 18 Jahren meinen zweiten Unfall mit Nasenbeinbruch hinter mir, fühlte mich sowieso als Außenseiter und war fortan durch meine verunstaltete Nase noch stärker gehemmt.

Von jeder Spiegelfläche starrte mich meine kaputte Nase an und sagte: »Du bist zu hässlich, mach dir keine Hoffnungen!« Eine Freundin finden? Das, was für mich in jener Zeit der Schlüssel zum Paradies zu sein schien, war damit endgültig außer Reichweite.

Ja, ich war in mich zurück gezogen und depressiv. Aber alle Hinweise darauf, ich sei zu schüchtern und müsse endlich selbstbewusster auftreten, machten die Sache nur noch schlimmer. Ich fühlte mich wie eingeschlossen in mir selbst und hätte mir so gewünscht, es würde von irgendwoher

Hilfe kommen, die mich da rausholen konnte. Aber das geschah nie.

Mit 24 Jahren dann, als ich meinen Weg in Therapie und Persönlichkeitsentwicklung begann, begegnete ich effektiveren Methoden, das Selbstbewusstsein zu stärken. Dabei waren Übungen, um die Stimme, die Körperhaltung und das Auftreten insgesamt auf selbstbewusst zu trimmen. Es wurde auch empfohlen, sich Ziele zu setzen und die eigenen Stärken wertzuschätzen.

Aber nach allen diesen Klimmzügen für mehr Selbstbewusstsein fiel ich nach kurzer Zeit wieder in meine Depression zurück – einfach, weil sie bei aller Anstrengung mein Inneres nicht erreichten. Ein Selbstbewusstsein, das sich an Dingen wie einstudiertem Auftreten oder äußeren Erfolgen hochzieht, konnte mich schließlich weder überzeugen noch befriedigen. Lieber war ich depressiv und ich selbst, als selbstbewusst und verstellt.

Vielleicht war das der gute Aspekt meiner hässlichen Nase? Sie ließ mir jedenfalls keine Chance, mich an der äußeren Erscheinung festzuhalten; und das führte mich immer weiter – hin zu einem Selbstbewusstsein, das unabhängig von solchen Dingen war. Da passte »Selbstannahme« schon besser: mich so annehmen können, wie ich bin – mit meiner hässlichen Nase, meinen Schwächen und Stärken. Das war entspannend und eine gute Basis für alles Weitere. Aber es war noch nicht das »Gelbe vom Ei«. Es fehlte die Kraft darin.

Erst als ich schließlich Zugang zu meiner Selbst-*Liebe* fand, veränderte sich die Situation für mich von Grund auf.

Ich konnte endlich *fühlen*, dass ich okay war. Nein, nicht nur »okay«, sondern geliebt; und nicht nur von einer Person, sondern vom Leben selbst, von der Energie, die mich durchströmt, vom Göttlichen oder wie immer man diese Kraft benennen will.

Auch wenn diese Energie unsichtbar und namenlos ist: Ich spürte sie deutlich. Sie war warm, sie war unerschöpflich und sie war wohlwollend. Ich konnte sie so stark fühlen, dass daran kein Zweifel möglich war. Und war ich auf diese Weise liebevoll mit mir selbst verbunden, waren Selbstannahme und authentisches Selbstbewusstsein die natürliche Folge.

Also war die eigentliche Frage: »Wie kann ich *jederzeit* Zugang zu meiner Selbstliebe finden?« Und ich meine damit körperlich und gefühlsmäßig spürbaren Zugang. Denn wir können noch so sehr von der Bedeutung der Selbstliebe für unser Leben überzeugt sein: Wenn wir keine direkte Verbindung zu ihr haben – und zwar eine, die *jederzeit* abrufbar und *spürbar* wirksam ist, dann bleibt diese Überzeugung kraft- und saftlos.

Warum betone ich so häufig, dass die Selbstliebe spürbar sein sollte? Es gibt viele Bücher, die sich mit Selbstannahme und Selbstbewusstsein beschäftigen und vorschlagen, unsere Gedanken über uns selbst zu ändern. Das Problem dabei ist jedoch: Wenn wir auf der Ebene der Gedanken bleiben, landen wir oft nach kurzen Erfolgen wieder in der gleichen Ecke von Selbstverneinung.

Ganz anders ist es, wenn wir die Selbstliebe direkt auf der Gefühlsebene stärken. Das greift tiefer, unsere Gedanken über uns selbst verändern sich fast von selbst, und das Ergebnis ist stabiler.

Es freut mich deshalb umso mehr, dass ich in diesem Buch einige Übungen weiter geben kann, die ich im Laufe meiner Arbeit als Coach und Therapeut entwickelt habe. Nach einer gewissen Zeit regelmäßiger Praxis ist es möglich, in kurzer Zeit (z.B. zwei Minuten) den Strom der Selbstliebe zu aktivieren – im Körper spürbar und an den Konsequenzen zu erkennen.

Aber bevor wir im nächsten Kapitel zu den Übungen kommen, erst noch einige wichtige Punkte zur Klärung des Terrains, auf dem wir uns bewegen.

## Was ist der Unterschied zwischen Selbstliebe und Selbstannahme?

Diese Unterscheidung ist wichtig. Denn wenn wir »Selbstliebe« so verwenden, als wäre es nur ein anderes Wort für Selbstannahme, kann dabei die Bedeutung und die Kraft der Selbstliebe verloren gehen. Schaut man in Lexika, findet man Verweise auf verschiedene Autoren und es scheint fast, als könnte man die wenigen Unterschiede vernachlässigen. Bei Wikipedia steht zum Beispiel:

> »Selbstliebe bezeichnet die allumfassende Annahme seiner selbst in Form einer uneingeschränkten Liebe zu sich selbst. Der Begriff ist sinnverwandt, jedoch nicht

vollständig synonym, mit Begriffen wie Selbstannahme, Selbstachtung, Selbstzuwendung, Selbstvertrauen und Selbstwert.«

Natürlich haben alle diese Begriffe miteinander zu tun. Ich habe jedoch bei mir selbst und anderen festgestellt, dass es hilfreich ist, sie nicht miteinander zu verwechseln.

**Hier ein paar sinnvolle Unterscheidungen:**

***Geborgtes Selbstbewusstsein:*** Selbstbewusstsein, das sich nur aus der Anerkennung anderer speist. Wenn wir nach dieser Art Selbstbewusstsein streben, sind wir mit unserer Aufmerksamkeit immer bei der möglichen Anerkennung oder Ablehnung anderer. Das Ergebnis: Wir verlieren den Kontakt zu uns selbst und damit die Chance, *authentisches* Selbstbewusstsein zu entwickeln.

Wenn wir uns bemüht haben, geborgtes Selbstbewusstsein zu erlangen, merken wir es daran, dass wir vielleicht äußere Status-Symbole und Erfolge errungen haben, dass sie uns jedoch innerlich leer lassen. Außerdem wissen wir meist nicht wirklich, was unsere authentischen Sehnsüchte und Wünsche sind. Wir haben sie im tiefsten Kellergeschoss unseres Unterbewusstseins vergraben oder als unrealistisch abgehakt und ad acta gelegt.

***Authentisches Selbstbewusstsein:*** Wir sind mit unserem Körper und unseren Gefühlen in Kontakt. Wir sind uns der eigenen Bedürfnisse und Vorlieben bewusst, auch der eigenen Stärken und Schwächen. Wir setzen bewusst unsere Fähigkeiten ein, um unsere wichtigsten Herzens-Wünsche zu verwirklichen.

***Selbstwertgefühl:*** Auch hier ist eine Unterscheidung zwischen geborgt und authentisch sinnvoll. Geborgtes Selbstwertgefühl beziehen wir aus der Anerkennung, die uns andere für unsere Leistungen geben oder auch nehmen können. Authentisches Selbstwertgefühl ist nicht von Leistungen und äußerer Anerkennung abhängig. Es fußt auf dem Wissen, dass unser Dasein an sich wertvoll ist und wächst mit der eigenen Anerkennung für unser Handeln.

***Selbstannahme:*** Wir nehmen alle unsere Anteile an, sowohl die »positiven«, als auch die »negativen«. Selbstannahme ist die Grundlage dafür, dass unsere verschiedenen Anteile eine integrierte Einheit bilden können. Es ist auch die Voraussetzung für authentisches Selbstbewusstsein.

***Selbstliebe:*** Wir sind verbunden mit unserem Herzen, und die darin pulsierende Liebe gilt auch uns selbst, unseren Bedürfnissen und Impulsen. Selbstliebe ist die Quelle von Selbstannahme und authentischem Selbstbewusstsein.

Wenn wir uns selbst annehmen können, aber nicht lieben, dann ist meist ein gewisses Ausmaß von Selbstliebe aktiv, aber es ist noch nicht stark genug, um sich gegen innere Einwände durchzusetzen.

Ein Unterschied zwischen Selbstliebe und Selbstannahme bezieht sich auch auf die Ebene, auf der sie wirksam werden. Selbstannahme äußert sich durch annehmende Gedanken, Selbstliebe ist energetisch und emotional spürbar. So, wie wir es fühlen können, wenn wir jemanden lieben, so spüren wir auch die Liebe zu uns selbst: Vielleicht wird uns warm ums Herz oder wir fühlen liebevolle Zuwendung, wenn wir an uns selbst denken; vielleicht spüren wir so etwas wie Wohlwollen oder nehmen Helligkeit und Energie war, die uns umgibt und nährt. Selbstliebe ist die energetische Quelle von Selbstannahme. Selbstannahme ist die gedankliche Auswirkung von Selbstliebe.

Wir können die Unterschiede auch in Wärmegraden ausdrücken: Selbstannahme ist kühl bis warm, Selbstliebe warm bis heiß. Und wenn wir alle Aspekte im Zusammenhang betrachten, können wir uns das Ganze als Baum vorstellen: Selbstliebe bildet die Wurzel, Selbstannahme den Stamm und die Zweige, authentisches Selbstbewusstsein die Blätter, Blüten und Früchte. Bei diesem Bild wird deutlich, dass authentisches Selbstbewusstsein eine Pflanze ist, die man nicht aufpfropfen kann. Sie braucht eigene Wurzeln. Und: Wenn uns Selbstliebe fehlt, sind wir wie ein Baum, dessen Wurzeln vertrocknet sind. Wie soll ein solcher Baum wachsen und gedeihen können?

Der Grad unserer Selbstliebe und unsere persönliche Entwicklung sind tatsächlich sehr innig miteinander verwoben. Gleich dazu die wichtigsten Aspekte.

### Selbstliebe und Entfaltung

Unsere Liebe zu uns selbst ist der *Antrieb* unserer Selbst-Entfaltung. Selbst wenn wir auf den ersten Blick keinerlei Selbstliebe in uns feststellen können, so ist es die Liebe zu uns selbst, die uns dazu antreibt, Wege der persönlichen Entwicklung zu suchen.

Selbstliebe ist die *Grundlage* unserer Entfaltung. Sie ermöglicht es uns, die Seelennahrung zu empfangen, die für unser persönliches Wachstum nötig ist und verbindet uns mit uns selbst und unseren inneren Quellen. Sie ist die Bedingung dafür, dass wir uns selbst gemäß auf widrige Situationen antworten können. Sie ist die Voraussetzung dafür, unsere individuellen Vorlieben und Wünsche, unser tiefstes Sehnen wirklich kennen, wertschätzen und wichtig nehmen zu können.

Uns selbst zu lieben, ist schließlich auch ein schichtweise fortschreitendes *Ergebnis* unserer Entfaltung. Je mehr wir uns selbst kennenlernen, je mehr innere Barrieren wir auflösen, je direkter der Kontakt zu uns selbst wird, umso tiefer kann die Selbstliebe greifen.

## Ein kleiner Schluck aus dem Becher der Wahrheit?

Ich sage: »Ein kleiner Schluck«, denn einen großen halten wir meist nicht aus. Wir können die Bedeutung dieser Wahrheit meist nicht voll erfassen – jedenfalls nicht in ihrer ganzen Dimension und dauerhaft. Das ginge über unseren Verstand hinaus.

Von welcher merkwürdigen Art von Wahrheit spreche ich hier? Wir sind meist so in die problematischen Details unseres Lebens verwickelt, dass wir die Basis aller unserer Erfahrungen vergessen: die unfassbare Tatsache, dass wir überhaupt leben.

Wende dich für einen Moment dem »einfachen« Umstand zu, dass du lebendig bist. Beginnen wir bei deinem Körper. Etwa 100 Billionen Zellen halten zusammen, um deinen Körper zu bilden. Wie viele das sind? Nun, die durchschnittlich nur 40 tausendstel Millimeter kleinen Zellen aneinandergelegt, würden vier Millionen Kilometer weit reichen – oder 100-mal um die Erde. Und selbst wenn man in jeder Sekunde eine Zelle an die andere reihte, würde das Ziel erst nach über drei Millionen Jahren erreicht!

Und sie liegen nicht einfach nur wie Sandkörner beieinander; nein, sie sind in dem wundervollen Prozess begriffen, den wir »Leben« nennen. In jedem Moment sterben Zellen ab und andere entstehen neu. Ständig übernehmen sie verschiedene Aufgaben und stehen dafür in fortlaufender Kommunikation miteinander. Und ganz zu schweigen von deinem Hirn oder den Millionen von intelligent gesteuerten Prozessen, die in deinem Körper gleichzeitig ablaufen! Insgesamt ein Mysterium, das kein Wissenschaftler restlos enträtseln kann.

Und nun deine Seele: Du kommst als vollständig ausgerüstete Seele, mit der Fähigkeit zu fühlen und der Fähigkeit, deine Gefühle zu verarbeiten; mit deinem ganz eigenen Blick auf die Welt und mit Impulsen, die durch dich leben wollen – und nur durch dich leben *können*! Und dann die innige Verflechtung deiner Seele mit deinem Körper! Und jetzt habe ich noch nichts darüber gesagt, dass du *bewusst* bist, dass du Teil hast am universellen Bewusstsein!

Wenn du das Wunder deiner eigenen Existenz für einen kleinen Moment auf dich wirken lässt, wirst du mir vielleicht zustimmen, wenn ich sage: Du bist ein einzigartiger Ausdruck des Lebens und allein die Tatsache, dass du *da* bist, ist schon unendlich viel wert.

Falls dich nicht gerade irgendwelche ausgeklammerten Gefühle davon abtrennen, wirst du Dankbarkeit empfinden können für das unglaubliche Geschenk, dass du da bist; gegenüber diesem unermesslichen Wunder, genannt »Leben«, das auch in dir vibriert. Die einzige Art, dem gerecht zu werden ist, dass du dich liebst, so wie du bist und lebst, was durch dich leben will.

## Einwände gegen Selbstliebe

### »Ist Selbstliebe nicht egoistisch?«

Tatsächlich herrscht in der öffentlichen Meinung immer noch die Einstellung vor, dass man Selbstliebe und Egoismus in die gleiche Schublade einordnen kann. Das wird zudem von manchen Psychologen »wissenschaftlich untermauert«, indem sie behaupten, dass »zu viel« Selbstliebe zu Narzissmus führt.

Dieser Auffassung liegt zu Grunde, dass ihre Vertreter wohl nie am eigenen Leib erfahren haben, was echte Selbstliebe mit uns macht: Sie vereinigt uns mit allen unseren inneren Anteilen und füllt uns an mit Liebe; sie möchte über uns hinaus gehen und sich mit anderen verbinden; sie öffnet uns den Zugang zu unseren innersten Quellen und tankt uns auf mit kreativer Energie.

Wenn Selbstliebe fehlt, klafft an dieser Stelle ein Loch, und wir versuchen diese innere Leere mit äußerer Anerkennung zu füllen. Dieser Versuch ist schon im Ansatz zum Scheitern verurteilt, weil äußere Anerkennung niemals die fehlende Selbstliebe ersetzen kann. Der Versuch es trotzdem zu tun, steigert sich dann bis hin zum Egoismus.

Das Gegenteil der herkömmlichen Sichtweise ist also wahr: Egoismus und krankhafte Selbstverliebtheit (Narzissmus) wurzeln in dem hilflosen Versuch unserer Seele, fehlende Selbstliebe zu ersetzen. Die krampfhafte Suche nach dem Ersatz verfliegt, sobald echte Selbstliebe verfügbar wird. Selbstliebe ist also die Kur für alle Formen von Egoismus.

Wir können das auch so auf den Punkt bringen: Wo Selbstliebe fehlt, wuchern Egoismus und krankhaftes Streben nach Prestige und Macht. Wo Selbstliebe pulsiert, hat Egoismus keine Wurzeln.

## Und das christliche Gebot der Nächstenliebe?

Manchmal wird gegen die Selbstliebe erstaunlicherweise eine Bibelstelle ins Feld geführt, bei der Jesus eines der höchsten Gebote verkündete. Doch Jesus hat dort keineswegs gesagt: »Du sollst deinen Nächsten lieben, so wie du dich selbst *nicht* lieben sollst.« Er sagte: »Du sollst deinen Nächsten lieben, wie Dich selbst!« (Mt. 12,39).

Diese Stelle gefällt mir gerade deshalb, weil sie indirekt aussagt, dass die Grundlage der Liebe zu anderen nichts anderes ist, als die Selbstliebe. »Liebe deinen Nächsten, *wie dich selbst*.« Selbstliebe ist die Mutter der Nächstenliebe.

## Egoismus und Selbstverneinung

Im Grunde ist Egoismus nur die kämpferische Kehrseite von Selbstverneinung. Beides sind Reaktionen auf die gleiche Ursache, nämlich die, dass wir uns als Kinder in unserem Umfeld nicht aufgehoben und geliebt fühlten, diese Gefühle unterdrücken mussten und nun von unserer natürlichen Selbstliebe abgeschnitten sind.

Beim Egoismus geschieht innerlich etwas wie: »Ich werde nicht geliebt, so wie ich bin. Es ist auch sinnlos, das zu erwarten. Aber ich sehe: Wer alleine geht und gegen alle kämpft, gelangt an die Spitze und bekommt zumindest Anerkennung und Macht. Und die werde ich mir jetzt holen.«

Bei Selbstverneinung lautet die Variante: »Ich werde nicht geliebt, so wie ich bin. Es ist auch sinnlos, das zu erwarten. Und in das Gerangel um Anerkennung und Macht einzusteigen, dazu fehlt mir die Lust und die Kraft – ich gebe auf.«

Egoismus und Selbstverneinung haben also die gleiche Wurzel: die Erfahrung, nicht angenommen und geliebt worden zu sein, jedenfalls nicht so, wie wir als natürliches Wesen sind. Das führt uns zu einem weiteren Einwand:

## »Ich bin als Kind nie geliebt worden, wie soll ich mich jetzt lieben können?«

Wenn wir auf die Welt kommen, sind wir als Seelen voll ausgestattet, also auch mit einem Sinn für Liebe. Der ist mit der

Quelle unserer Selbstliebe verbunden. Wenn wir als Kinder nicht ausreichend Wertschätzung und Liebe erfahren, spüren wir das genau mit diesem Anteil von uns. Würden wir keinen Sinn für Liebe und Wertschätzung in uns tragen, könnten wir nichts davon spüren, wenn sie uns fehlt. Ganz egal, wie viel Schmerz wir in dieser Hinsicht in uns tragen: Wir können die Selbstliebe in uns aktivieren und alle darauf sitzenden Wunden heilen.

Ganz ähnlich gelagert wie dieser Einwand sind alle Fragen, die anzweifeln, ob es überhaupt möglich ist, sich selbst zu lieben: »Wo soll ich die Liebe hernehmen? Wie kann ich sie auf mich selbst richten?« Im Grunde sagen diese Einwände: »Ich weiß nicht, wie das praktisch gehen soll«. Und genau darum geht es im nächsten Kapitel.

*»Die Liebe ist ein Fluss,*
*trink davon.«*

Jalal al-Din Rumi

# Selbstliebe stärken – aber wie?

Wir haben die grundlegenden Konzepte besprochen und die gebräuchlichsten Einwände geklärt, ab jetzt geht es um praktisch wirksame Schritte. Du kannst dabei dieses Buch auf verschiedene Weise nutzen. Manche lesen es teilweise und sind mit einigen Aha-Erlebnisse zufrieden, andere lesen es ganz und nutzen die Übungen. Wie du mit diesem Buch verfährst wird jedenfalls einen großen Einfluss darauf haben, wie weit du mit der Selbstliebe kommst. Dazu einige Tipps.

### Kann ich die Übungen beim Lesen überspringen?

Klar könntest du das. Du würdest dann jedoch eine reduzierte Erfahrung dieses Buches haben. Es mag so wirken, als ob die Übungen den Lesefluss des eigentlichen Textes unterbrechen. Doch manche späteren Aussagen sind leichter verständlich, wenn du die Übungen vorher zumindest im Geiste schon einmal durchgegangen bist. Wenn du das Beste aus diesem Buch für dich herausholen willst, empfehle ich dir also, es mindestens zwei Mal zu lesen:

Das erste Mal liest du es ganz durch (inklusive der Übungen), um das ganze Panorama zu überschauen und um die Übungen schon einmal auf dich wirken zu lassen. Genau: Wenn du beim Lesen die Übungen innerlich nachvollziehst, wirken sie in einem gewissen Ausmaß schon vor und vertiefen deine Erfahrung mit diesem Buch.

Beim zweiten Mal kannst du dann bestimme Abschnitte (oder den ganzen Text) noch einmal gründlich lesen und von dir ausgewählte Übungen tiefer gehend praktizieren. Es kann natürlich sein, dass du schon beim ersten Lesen eine Übung machen willst und an dieser Stelle des Buches verweilst. Ich weiß, gerade die ersten beiden Übungen eignen sich dafür. Sorge dann aber dafür, dass du bald mindestens ein Mal das ganze Buch durchliest. Sonst könntest du nämlich an einer Hürde hängen bleiben, die ich einige Seiten später bespreche.

Apropos Hürden: Es lohnt sich beim Lesen darauf zu achten, ob es dir bei bestimmten Passagen schwerfällt, weiter zu lesen, weil sie schwierige Gefühle in dir anrühren. Ist das nämlich der Fall, wäre es gut, sich solchen Stolperstellen besonders aufmerksam zu widmen und die aufkommenden Gefühle in deine Selbstliebe mit einzubeziehen. Diese Stellen könnten sich dann für dich sogar als die wertvollsten des ganzen Buches erweisen.

### Intensiv-Phase

Wie der Name schon sagt, ist das die intensivste Form, die Übungen zu praktizieren. Dreißig Tage braucht es gemäß vieler Studien, um Gewohnheiten zu durchbrechen. Und sich selbst zu kritisieren und lieblos zu behandeln, ist meist nicht nur ein tief verwurzeltes Muster, sondern auch eine über Jahre hinweg trainierte Gewohnheit.

Deshalb ist es gut, eine Intensiv-Phase einzurichten, bei der du je nach deinen Möglichkeiten täglich eine der Übungen praktizierst. Eine mögliche Form, deinen Fortschritt nach den dreißig Tagen festzustellen und anzuerkennen, besteht darin, vorher und nachher eine Bestandsaufnahme zu machen. Dazu erstellst du eine kleine Liste von Selbstliebe-Themen und schätzt vor der Intensiv-Phase jeweils deinen Stand auf einer Skala von 1 – 10 ein.

**Beispiele für solche Themen sind:**

- Ich kann mich schnell mit meiner Selbstliebe verbinden.
- Ich kann auch früher abgelehnte Anteile von mir annehmen.
- Ich kann Grenzen setzen und mich gegen schlechte Behandlung wehren.
- Ich kenne meine tiefsten Wünsche und Bedürfnisse und setze mich für sie ein.

Als Ziel für die Intensiv-Phase könntest du dir beispielsweise setzen, mindestens bei einem Thema um drei Punkte auf der Skala vorgerückt zu sein. Sich eine solche Intensiv-Phase vorzunehmen, kann natürlich auch wieder den inneren Kritiker auf den Plan rufen und die Selbstliebe schmälern: »Jetzt habe ich doch wieder die Übung nicht gemacht!«

Um über diese und andere Hürden zu kommen, ist es gut, die Übungen nicht nur alleine, sondern auch mit einem Partner zu praktizieren (so wie wir es in Seminaren tun). Vielleicht kennst du jemanden, einen Freund, eine Freundin, die eventuell auch Interesse an dem Thema haben und bereit sind, diese Übungen mit dir gemeinsam zu machen? Oft ist es schwierig, sich mit solch persönlichen Themen selbst vor guten Freunden zu zeigen. Als Alternative gibt es noch die Möglichkeit, die Übungen mit mir per Online-Coaching oder auch im Austausch mit anderen LeserInnen durchzuführen.

## Wo beginnen?

Am besten am Anfang, mit der Basis! Ja, im Ernst: Im Grunde verfügt jeder von uns über ein gewisses Maß an Selbstliebe. Meist ist es jedoch verschüttet unter einer Menge von Einwänden, die es der Selbstliebe nicht erlauben, im vollem Maße wirksam zu werden.

Die einfachste und gleichzeitig effektivste Art, unsere Selbstliebe zu stärken, geht nach dem *Gesetz der Ausweitung* vor (später mehr dazu): Wir nehmen Kontakt mit dem vorhandenen Ausmaß von Selbstliebe auf (auch wenn es noch so klein ist) und nähren dieses Potenzial mit Aufmerksamkeit und Energie (Atem).

Unsere Selbstliebe beginnt sich daraufhin auszuweiten und zu verstärken. Das lässt eventuell vorhandene Einwände und Begrenzungen deutlicher spürbar werden und gibt uns die Chance, sie zu erkunden und aufzulösen. Wenn wir nun nämlich diese Einwände und Begrenzungen in unsere wachsende Selbstliebe mit einbeziehen, ist das Ergebnis: Unsere Selbstliebe vertieft und erweitert sich und umfasst auch das, was vorher eine Begrenzung war.

## Übung 1: Selbstliebe trotz Einwänden

Diese Übung ist einfach aufgebaut, aber enorm wirksam. Sie ermöglicht dir, Zugang zu dem Kern von Selbstliebe in dir zu bekommen – auch wenn er noch so klein und verschüttet ist. Darauf aufbauend kannst du dann deine Selbstliebe bewusst stärken und vertiefen – und alle begrenzenden Hindernisse auflösen.

Mir liegt viel daran, dass du das ganze Potenzial dieser Übung ausschöpfen kannst. Wenn dir das nicht auf Anhieb gelingt, findest du deshalb nach der Beschreibung eine Reihe von Hinweisen zu den möglichen Stolpersteinen. Außerdem enthält die Miniserie neben der Audio-Begleitung der Übung auch ein paar Videos, in denen ich sie dir noch anschaulicher erklären kann. Mehr zur Miniserie weiter unten.

Um mit dem Kern deiner Selbstliebe Kontakt aufzunehmen, nutzt du bei dieser Übung gesprochene Sätze. Wichtig ist, dass du die Sätze nicht mechanisch aussprichst (es ist nicht die Wiederholung, die hier wirkt) sondern mit innerem Lauschen und Hinspüren.

1. Du sagst: »*Ich liebe mich, so wie ich bin!*« und spürst dabei das Ausmaß, zu dem sich das wahr anfühlt und Raum in dir hat.

2. Du spürst zu dem Ausmaß hin, zu dem sich das wahr anfühlt und atmest langsam und tief ein, so als wolltest du dich ganz mit diesem Gefühl, dieser Qualität von Selbstliebe anfüllen. (Wenn du

kein noch so kleines Ausmaß an Selbstliebe spüren kannst, verbindest du dich mit der Sehnsucht, dich vollständig lieben zu können.)

3. Bei Schritt 1 und 2 können die Beschränkungen deiner Selbstliebe in Form von Einwänden deutlich werden. (Zum Beispiel: *»Das glaubst du ja selbst nicht!«, »Aber ich bin doch so …«*). Wenn so ein Einwand kommt, sprichst du ihn zur Seite hin aus und beginnst wieder bei Schritt 1.

### Hinweise

Das Aussprechen zur Seite wirkt wie ein Aussortieren. Die Einwände, die bisher »auf deiner Selbstliebe saßen« und verhinderten, dass dich deine Selbstliebe vollständig ausfüllen konnte, »räumst du zur Seite«. Das ist nicht wie ein Wegschmeißen zu verstehen, sondern eher wie ein Sortieren. Wenn du nun wieder bei Schritt 1 und 2 deine Selbstliebe bekräftigst und ausweitest, kannst du im Geiste die Einwände mit einbeziehen und darüber hinaus gehen.

Der Kern deiner Selbstliebe wird nach und nach stärker spürbar, nimmt mit jedem Einwand, den du zur Seite räumst, mehr Raum ein, bis dich deine natürliche Selbstliebe vollständig ausfüllen kann.

Manchmal wirst du den Einwand nicht als Gedanken oder innere Stimme wahrnehmen, sondern vielleicht als Druck auf der Brust oder als ablehnende Haltung, die du nicht in Worte fassen kannst. Du kannst dich dann zum Beispiel schütteln oder auch einen Ton machen und diesen zur Seite hin ausdrücken.

Wenn du diese Übung mit genügend innerem Kontakt durchführst, können schon fünf Minuten ausreichen, um dich mit der Basis deiner Selbstliebe zu verbinden. Falls du diese Übung öfter praktizierst, reduziert sich die Zeit immer mehr, bis du dich in kürzester Zeit mit deiner Selbstliebe verbinden kannst.

**Einwand:** *»Ich habe nicht einmal ein kleines Ausmaß von Selbstliebe in mir.«*

Zumindest hast du einen Teil in dir, der sich danach sehnt, sonst würdest du dieses Buch nicht lesen. Dieser Teil, der sich nach Selbstliebe sehnt, weiß auch, wie sich Selbstliebe anfühlt, sonst wüsste er nicht, dass sie ihm fehlt. Verbinde dich zum Anfang der Übung mit der Sehnsucht nach Selbstliebe.

**Einwand:** *»Ich finde keinen Zugang zur Übung!«*

Wenn jemand das zu mir sagt, braucht es meist nur ein paar Fragen, um herauszufinden, wo er ins Stolpern gekommen ist und den Weg zu sich selbst verlassen hat. Meistens ist es eine von drei Stellen, an denen wir hier in die Irre gehen.

DIE ERSTE: Wenn wir die Übung zwar äußerlich korrekt durchführen, aber zum Beispiel die Sätze zu mechanisch sagen, fühlen sie sich nach nichts an, und wir bekommen keinen Zugang zur Übung. Es gilt dann, sich stärker mit der Aussage des Satzes zu verbinden und auf alle Kanäle der Wahrnehmung zu achten: Bilder, Gedanken, innere Stimmen, Körperempfindungen und Gefühle. Dazu ist es gut, nur etwa 30 Prozent unserer Aufmerksamkeit auf das Sprechen des

Satzes zu richten und die übrigen 70 Prozent auf das innere Geschehen. Auch die Art des Sprechens zu variieren, kann helfen: Mal sprechen wir ganz normal, mal flüstern wir, dann wieder sagen wir den Satz mit aller Bestimmtheit.

Ähnliches gilt, wenn wir so mechanisch atmen, wie wir es vielleicht in einer Gymnastik täten. In der Beschreibung der Übung sage ich nicht umsonst: atme sanft und langsam. Hier möchte ich noch hinzufügen: Lass deinen Atem wie ein sanfte Berührung sein, mit der du deine inneren Räume und Gefühle erkundest. Auf diese Weise hilft dein Atem, dich mit deinen Gefühlen zu verbinden – auch mit dem Gefühl von Liebe zu Dir selbst. Wenn du dann Kontakt zur Liebe hast, kannst du sie vertiefen, indem du sie mit großen Atemzügen aufnimmst und sich in dir ausbreiten lässt.

DIE ZWEITE STELLE: Wenn wir eine bestimmte Wirkung erwarten, verpassen wir, was tatsächlich passiert – und es passiert immer etwas, wenn wir uns beim Sprechen mit der Aussage des Satzes und dem Sinn der Übung verbinden. Unsere Erwartung loszulassen und uns den kleinen Veränderungen in unserem Inneren zuzuwenden, bringt uns dann wieder auf die Spur.

Tatsächlich beginnt die Übung zu funktionieren, sobald wir mit ihr anfangen. Alles was dann währenddessen passiert, ist Teil der Übung. Man muss es nur als solches nehmen. Beispiel: Sobald du die Übung beginnst, gehen dir all die Dinge durch den Kopf, die du noch für die Familie oder die Arbeit machen musst; du sagst dir selbst, dass du nicht in die Übung reinkommst – und brichst sie ab. Im Grunde aber bist du bereits mitten drin. Du könntest bei der Übung bleiben und zur Seite aussprechen: *»Aber ich muss doch erst noch so viel tun!«*

DIE DRITTE: Zwischen unseren Gedanken und Gefühlen kann eine Kluft entstanden sein, die nicht im ersten Anlauf zu überspringen ist. Die gute Nachricht: Indem wir bei dieser Übung immer wieder die Verbindung zwischen der Aussage des Satzes und unseren Gefühlen suchen, wächst beides wieder zusammen. Die nötige Geduld lohnt sich auf jeden Fall. Zum einen entpuppt sich diese Übung am Ende immer als erstaunlich effektiv, zum anderen bereichert es alle Lebensbereiche, wenn wir die Verbindung von Gedanken und Gefühlen stärken. Manchmal kann auch ein kleiner Umweg als Starthilfe dienen: Wir nutzen dabei erst einmal die zweite Übung, um Kontakt zur Selbstliebe zu bekommen und kehren damit zu dieser Übung zurück.

Wenn keiner dieser Hinweise weiterhilft, ist persönlichere Unterstützung gefragt. Du kannst dazu beispielsweise eine Viertelstunde Übungsbegleitung bei mir nehmen oder auch die Miniserie nutzen und dort deine Fragen in der Kommentarbox unter den Übungen stellen.

**Traurigkeit:** Wenn bei dieser Übung Traurigkeit aufkommt, nehmen das manche zum Anlass, mit der Übung aufzuhören. In dieser Traurigkeit zeigt sich jedoch gerade der Teil in uns, der sich schon lange danach sehnt, Selbstliebe zu spüren und daraus leben zu können. Es ist dann gut, zu diesem Anteil hin zu spüren und ihn in die Selbstliebe mit einzubeziehen.

**Miniserie und Audio-Stream:** Oft fällt es schwer, diese Übung alleine und nur auf der Grundlage dieser trockenen Beschreibung durchzuführen – jedenfalls mit ausreichend Tiefgang. Ich habe deshalb eine Anleitung erstellt, die dich per Video- und Audio-Streaming durch die Übung führt. Sie ist Teil einer »Miniserie« von Videos und Blogposts zu diesem Thema. Einen kostenlosen Zugang hierzu findest du am Ende des Buches unter »Links«.

## Die Quelle der Liebe

Manchmal können wir uns selbst nicht ausstehen, während wir aber durchaus in der Lage sind, ein anderes Wesen zu lieben – sei es ein Erwachsener, ein Kind oder auch ein Haustier.
Meist verhalten wir uns dann so, als würde das andere Wesen die Liebe in uns verursachen. Und es entspricht vielleicht auch dem ersten Eindruck: Ich fühle Liebe, wenn ich an das geliebte Wesen denke, also ist es wohl die Ursache für meine Liebe. Und wenn es meine Liebe erwidert, dann bin ich wiederum die Ursache für die Liebe dieses Wesens.

Aber wohin führt uns diese Vorstellung? Gibt es nur einen begrenzten Vorrat an Liebe, die in einen Kreislauf des Gebens und Empfangens immer wieder »recycelt« wird? Doch wo kommt dann die ursprüngliche Liebe her? Wenn wir diesen Fragen nachgehen, wird deutlich, was hier im Grunde passiert. Wenn jemand meine Liebe wecken kann, dann muss sie vorher schon da sein – und sei es nur als »schlafendes Potenzial«. Ein anderer kann meine Liebe auslösen – ja! Er kann sie zum Strömen bringen – ja! Aber wenn meine Liebe fließt, dann strömt sie aus *meiner* Quelle!

Also: Wenn wir ein anderes Wesen lieben können, dann deshalb, weil sich in uns ein Zugang zur Liebe befindet. So wie eine Wasserquelle in den Bergen das Wasser dahinter zugänglich macht, so macht uns diese Quelle die Liebe zugänglich. Das andere Wesen bringt diese Quelle zum Fließen und je mehr Liebe wir verströmen, umso mehr fließt nach. Das fühlt sich gut an, weil sich unser Herz dabei öffnet und für uns spürbar wird.

Was ist unser Zugang zur Quelle? Nichts anderes als Selbstliebe! Wenn keinerlei Selbstliebe in uns wäre, dann wäre die Quelle in uns verschüttet und wir könnten auch niemanden anderes lieben. Wenn wir dagegen jemanden lieben können, dann deshalb, weil es ein gewisses Ausmaß an Selbstliebe in uns gibt, selbst wenn wir keinen bewussten Zugang dazu haben. Die nächste Übung ermöglicht dir ganz direkt deinen Zugang zur Quelle zu öffnen.

## Übung 2: Von Liebe zu Selbstliebe

1. Du denkst an eine Person, die dich Liebe fühlen lässt. Es kann auch der Gedanke an ein Haustier oder ein höheres Wesen sein, das Liebe in dir weckt. Entscheidend ist, dass du dabei etwas fühlst, wenn es auch noch so schwach ist.

2. Du atmest dorthin, wo du die Liebe spürst, so dass sie deutlicher wird, Raum greift und energetisch genährt wird. Mache das eine Weile, bis du die Liebe deutlich spürst.

3. Für den Zweck dieser Übung bleibst du jetzt beim Gefühl der Liebe, löst es aber in deiner Vorstellung von dem Wesen, das sie geweckt hat. Es ist *deine* Liebe, die aus deiner eigenen Quelle strömt, auch wenn sie vom Anderen im wahrsten Sinne des Wortes hervor-gerufen wurde. Bündele also deine ganze Aufmerksamkeit auf das Gefühl der Liebe und verabschiede dankend das Wesen, das sie ausgelöst hat.

4. Nun atmest du tief und langsam dieses Gefühl der Liebe ein, so dass es sich ausweiten kann. Du kostest dabei das Gefühl der Liebe aus, als wolltest du dich damit auftanken, als wolltest du die Liebe bis in die letzten Winkel deiner Seele gelangen lassen und alle Zellen deines Körpers damit nähren. Du füllst dich quasi bis zum Überfließen an mit Liebe. … Gratuliere: Du hast soeben

einen weiteren Zugang zur Quelle deiner Liebe gefunden!

5. Optional: Während deine ganze Aufmerksamkeit bei dem Gefühl der Liebe ist, lässt du ein Symbol entstehen, das für deinen Zugang zur Liebe steht. Das kann ein geometrisches Symbol sein, wie ein Herz in einem Kreis, oder es kann auch eine Situation sein, wie beispielsweise das Bild einer vom Wunder der Schöpfung durchdrungenen Landschaft.

6. Während du das Symbol der Liebe immer deutlicher werden lässt, atmest du langsam und tief die Liebe ein, füllst dich damit bis zum Überfließen, nährst und heilst alle deine Anteile damit.

Nun steht dieses Symbol für deinen eigenen Anschluss an die Quelle der Liebe. Ab jetzt kannst du dich ohne den Umweg über das Bild einer Person mit Liebe auftanken. Für den Ablauf der Übung heißt das, du kannst gleich mit Schritt sechs einsteigen.

Wenn du willst, kannst du ab und zu das Symbol neu aufladen, indem du noch einmal den ganzen Durchlauf beginnend mit Schritt eins machst. Wenn du bei Schritt eins diesmal von einer anderen Person oder einem anderen lebendigen Wesen ausgehst, kannst du dein Symbol mit verschiedenen Nuancen deiner Liebe prägen. Manchmal mag es sich auch anbieten, das Symbol neu entstehen zu lassen.

## Der aktive und der passive Aspekt der Selbstliebe

Gut. Wir haben verstanden, dass wir einen eigenen Zugang zur Quelle der Liebe in uns tragen; es leuchtet ein (und wir haben es vielleicht schon erlebt), dass unsere Selbstliebe diesen Zugang öffnet. Es ist gut, das einmal sacken zu lassen, denn es kann uns die Sache erheblich erleichtern. Es wird nämlich klar:

Wir fabrizieren Liebe nicht selbst, und wir recyceln sie auch nicht aus der Liebe, die wir von anderen empfangen. Stattdessen beziehen wir sie aus unserer eigenen Quelle!

Sich selbst lieben zu können, hat also außer einem aktiven auch einen passiven Aspekt, und der passive ist der grundlegende: Wir müssen uns empfänglich machen für die Liebe, die in uns zugänglich ist, um sie uns selbst geben zu können. Beide Aspekte sind am besten während der Übungen zu spüren, wenn wir sanft, tief und mit innerem Hinfühlen einatmen. Wir spüren das Maß an Liebe, das zugänglich wird, nehmen es mit tiefem Einatmen in uns auf, machen uns vollkommen empfänglich dafür und »umarmen« aktiv alle unsere Anteile damit.

Wenn du bei diesen Übungen zunächst an eine Schicht Traurigkeit kommst, dann vergiss nicht: Es ist die Selbstliebe, die dich an diesen Schmerz herangeführt hat. Sie steht bereit, um das dort vorhandene Loch zu füllen.

Umarme, umhülle den Teil, der sich traurig fühlt, mit Liebe. Manchmal wird auch Trauer und Schmerz darüber hochkommen, dass du dir so lange die Selbstliebe, diese Grundnahrung der Seele versagt hast. Lass dich diese Trauer in ihrem ganzen Umfang fühlen. Es wird damit der Teil in dir spürbar, der weiß, wie es sein könnte. Der Teil in dir, den es auszuweiten und zu stärken gilt.

Findest du nach ein paar Versuchen Zugang zu dieser Art des Liebe-Auftankens, dann wäre es gut, dir diese Übung für eine Zeitlang regelmäßig zu gönnen – am besten täglich. Es ist wie bei einem Muskel, den du lange nicht genutzt hast: Nach einer Weile regelmäßigen Übens wird er stark und geschmeidig sein.

Es ist auch so: Wenn du deinen eigenen Zugang zur Quelle lange nicht genutzt hast, ist er wahrscheinlich durch viele ausgeklammerte Gefühle begrenzt, und es braucht erst einmal eine Weile des »Liebezapfens« und Gefühle Annehmens, bis die Quelle frei fließt.

Dann aber wirst du dich in vielen Situationen des täglichen Lebens in kürzester Zeit mit Liebe auftanken können: auf der Reise mit der Bahn, im Wartesaal eines Arztes, auf der Toilette, etc. Nach einer Weile wird es dir möglich sein, auch ohne die Augen zu schließen, deinen Zugang zur Quelle der Liebe zu öffnen. Das wird die Bandbreite an Situationen, in denen das geht, noch einmal erweitern.

**Audio-Stream:** Noch mehr als die erste Übung profitiert diese davon, wenn du dich von meiner Stimme durch die Übung führen lassen kannst. Am Ende dieses Buches findest du den Link, über den du dich in den Verteiler einschreiben kannst.

**»Ein Mangel an Selbstliebe ist seelische Selbst-Strangulierung!«**

Ist das zu stark aufgetragen? Fällt es dir schwer, einen Mangel an dem Lebenselixier Selbstliebe mit Strangulierung in Verbindung zu bringen? Lass mich kurz erklären, wie ich auf diese Formulierung komme.

Selbstliebe ist das, was dich rückverbindet mit deinen Gefühlen, mit deiner Wahrheit, mit dir selbst und deinem Ursprung. So wie deine Lunge dich mit Atemluft versorgt, so versorgt dich deine Selbstliebe mit Seelennahrung, mit der Energie und Inspiration, die in jedem Moment für dich da ist.

Nun ein kleines Experiment: Hast du mal einen Film mit Tauchern gesehen, aus der Zeit, als es noch keine Sauerstoffflaschen gab? Als sie ihre Luft noch aus einem langen Schlauch bezogen? Stell dir nun vor, du wärst so ein Taucher.

Du befändest dich in großer Tiefe – über dir nur Wasser. Du würdest nach oben schauen zu dem Schlauch, der dir Atemluft gibt und dir sagen: »Ich darf nicht so viel Luft für mich in Anspruch nehmen, denn ich habe diesen peinlichen Schwachpunkt in mir. Ich werde den Schlauch etwas abklemmen müssen.« Du greifst also nach oben und drückst den Schlauch ein wenig zusammen. »Und ja, da ist auch noch diese andere Macke, für die ich mich kritisieren muss; ich werde also meine Luft noch etwas stärker abklemmen!«

Kommt es dir krass und absurd vor, sich selbst die Luft abzuklemmen? Mir schon. Doch unsere Selbstliebe zu begrenzen, ist genauso absurd. Es ist für unsere Seele nichts anderes, als würden wir uns wie dieser Taucher das Lebenselixier ab-

streitig machen, das uns mit Energie versorgt. Mit anderen Worten: Es ist seelische Selbststrangulierung.

Vielleicht ist durch das (etwas extreme) Bild des Tauchers deutlich geworden, wieso ich in diesem Zusammenhang von Selbststrangulierung spreche. Noch klarer wird das werden, wenn deine Selbstliebe so stark und selbstverständlich geworden ist, dass es dir niemals einfallen würde, sie einzuschränken.

## Sich geliebt fühlen

Die nächste Übung ist eine Hilfe, dich auf deinen seelischen »Atemschlauch« zu besinnen; mit anderen Worten, auf das Gefühl, über deinen eigenen Zugang zur Liebe zu verfügen. Die Übung lädt dich ein, einen tiefen Zug daraus zu nehmen und dich empfänglich zu machen für dieses Lebenselixier. Das Abklemmen kannst du getrost sein lassen (oder in Form von Einwänden zur Seite sprechen).

Die Übung geht dabei auf zwei wichtige Aspekte ein. Zum einen stärkt sie unsere Fähigkeit, aus unserer eigenen Quelle Liebe zu empfangen, zum anderen berücksichtigt sie die traurige Tatsache, dass wir meist viel zu wenig von der vielleicht wichtigsten Grundnahrung der Seele empfangen haben, nämlich die Botschaft: »Du wirst geliebt, so wie du bist!«

Am besten funktioniert diese Übung mit einem Partner, dem du den Hintergrund dieser Übung erklärst (alternativ mit mir per Skype). Die zweitbeste Methode habe ich auf meiner Website bereitgestellt. Als Teil der Miniserie erhältst du Zugang zu einem Audiostream, bei dem ich dich durch die Übung führe. Das ist zwar nicht das Gleiche, kann aber dennoch hilfreich sein.

## Übung 3: »Du wirst geliebt!« (Partnerübung)

Am Anfang wählt ihr aus, wer Rolle A und wer B übernimmt. Als Vorbereitung ist es sinnvoll, wenn A und B kurz nach innen gehen und sich jeweils mit der Selbstliebe verbinden. Zum Beispiel nach dem Muster von Übung 1 (»Selbstliebe trotz Einwänden«) oder Übung 2.

1. »A« hält die Augen geschlossen, atmet und macht sich empfänglich.
   »B« macht sich zum Sprachrohr universeller Liebe und sagt: *»Du wirst geliebt, so wie du bist.«*
2. »A« spürt, wie es sich anfühlt, das zu hören, nimmt die Botschaft mit tiefem und langsamem Einatmen in sich auf.
3. Wenn »A« Einwände hat, spricht »A« sie zur Seite aus (wie in Übung 1).
4. Zurück zu Schritt 1

Nach einer abgemachten Zeit (z.B. 3 Minuten) ist Rollenwechsel. Variante: »A« und »B« setzen sich nahe zueinander, so dass »B« in das Lieblingsohr von »A« flüstern kann.

### Hinweis

Wenn »B« sagt: *»Du wirst geliebt, so wie du bist«*, dann ist das keine persönliche Liebeserklärung. »B« macht sich zum Sprachrohr universeller Liebe. Wer mit dem Begriff »universelle Liebe« nichts anfangen kann, der übersetze ihn in ein passendes Wort, das sich auf die ursprüngliche Quelle von Liebe bezieht.

## Sich selbst kennen lernen

*»Wie soll ich mich denn selbst lieben, wenn ich mich gar nicht kenne?«*, sagte eine meiner Schülerinnen als Einwand. Und der klingt erst mal in sich logisch. Doch im Grunde ist es genau anders herum: Nur wenn wir uns selbst lieben, können wir uns auch wirklich kennen lernen.

Das liegt daran, dass sich unsere verschiedenen Anteile und tieferen Schichten nur öffnen, wenn wir sie mit liebevoller Neugier erkunden. Betrachten wir uns selbst jedoch eher kritisch, motiviert von der Vermutung, dass mit uns etwas nicht stimmt und »repariert« werden muss, verschließen sich die fraglichen Anteilen nur noch mehr.

Wie also hilft dir die Selbstliebe, dich besser kennenzulernen? Schon die ersten drei Übungen sind dafür gut geeignet. Du stärkst damit den Keim der Selbstliebe in dir und lernst dabei gleichzeitig deine Einwände kennen; also jene Anteile und Denkweisen, die dich bisher davon abgehalten hatten, dich vollständig anzunehmen und zu lieben. Das wiederum ist eine Reise, die an deinen äußeren Schichten beginnt und dann immer tiefer reicht.

**Ein Beispiel:** Womöglich gehört zu einer der ersten Schichten, dass du dich gar nicht leiden kannst. Wenn du auch diesen Anteil liebevoll erkundest, erkennst du vielleicht, dass dieser Teil von dir glaubt, nur akzeptiert und geliebt zu werden, wenn du die Erwartungen anderer erfüllst – auch solche, die du nur vermutest.

Noch eine Schicht tiefer kannst du vielleicht den Schmerz darüber spüren, dass du dich als kleines Kind nicht geliebt fühltest und deine einzige Chance darin sahst, immer beste Leistungen zu erbringen und so zumindest gelobt zu werden. Und noch eine Ebene tiefer könntest du vielleicht die Sehnsucht entdecken, so geliebt zu werden wie du bist – ohne dafür etwas tun zu müssen.

Wenn wir auf diese Weise liebevoll alle Aspekte unserer Persönlichkeit erkunden, lernen wir nach und nach auch unsere vorher verborgenen Tiefen kennen. Wir kommen zu der Erkenntnis, dass alle unsere Anteile zu uns gehören und zusammen das ausmachen, was wir sind. Und ja: Natürlich ist das in Veränderung begriffen. In ständiger Veränderung.

Und schon allein die Tatsache, dass wir uns selbst liebevoll erkunden, macht etwas mit uns und all diesen Facetten: Anteile, die wir vorher ausgeklammert hatten und die deshalb in zwanghaften Mustern verharrten, können wir jetzt liebevoll mit einbeziehen. Die erstarrten Verhaltensweisen lösen sich auf, und schließlich können wir immer mehr aus unserer Selbstliebe heraus leben.

Reichen dazu die Übungen aus, die ich hier anbiete? Auf jeden Fall wirken sie in diese Richtung. Wie tief sie wirken, hängt natürlich davon ab, wie intensiv man sie anwendet. Es kann wiederum auch eine ganze Weile dauern, wenn man sich nur auf die Übungen stützt, um in tiefere Schichten zu gelangen.

Wer also seine Selbstliebe garantiert und schneller in alle Winkel seiner Seele und in alle Zellen seines Körpers tragen will, dem empfehle ich als Ergänzung die SAMAYA-Methode. Die wirkt direkt auf der körperlich-gefühlsmäßigen Ebene und dringt so auch in sonst verschlossene Bereiche vor.

Dieses Ebook handelt jedoch davon, wie wir unsere Selbstliebe mit Übungen stärken und unsere Entfaltung über mögliche Hindernisse bringen können. Und in diesem Abschnitt geht es speziell darum, wie wir uns besser kennen lernen können. Hier möchte ich in diesem Sinne noch eine Übung anbieten, die speziell dafür geeignet ist, genau das zu tun.

## WISSEN, WAS UNS MOTIVIERT

Wenn wir uns selbst von innen her kennen wollen, ist es wichtig, uns der eigenen Werte-Rangfolge bewusst zu sein. Was ist damit gemeint? Unsere Werte-Rangfolge ist das, was unsere Entscheidungen motiviert. Wenn wir beispielsweise an unserem neuen Projekt arbeiten, statt einen Film zu schauen, dann deshalb, weil wir darauf mehr Wert legen, als auf die mögliche Zerstreuung. Wenn wir einen Film schauen, statt an unserem Projekt zu arbeiten, dann deshalb, weil wir in diesem Moment die Zerstreuung höher schätzen, als die Arbeit am Projekt.

Und so sind unser Tagesablauf, unser Lebensstil insgesamt und unsere Entscheidungen von Werte-Rangfolgen bestimmt, die uns meist gar nicht bewusst sind. Es handelt sich um eine Ebene, die unterhalb unserer Entscheidungen und Verhaltensmuster die Weichen stellt.

Warum wir meist auf das eine mehr Wert legen als auf das andere, kann verschiedene Ursachen haben. Auf jeden Fall ist es gut, sich selbst auch auf dieser Ebene kennen zu lernen. Jim Leonard (der Begründer der Vivation-Methode) schlägt in diesem Zusammenhang eine Übung vor, die vielleicht etwas aufwändig und daher nicht jedermanns Sache ist. Aber ich kenne keine bessere Vorgehensweise, sich konkret über die eigene Werte-Rangfolge klar zu werden.

Sicher wirst du selber beim Durchlesen merken, ob die folgende Übung dich anspricht oder nicht. Sie dauert in Vorbereitung und Durchführung vergleichsweise lange.

Wenn du dich entscheidest, sie durchzuführen, empfehle ich dir auf jeden Fall, während dessen mit dem Lesen des Buches fortzufahren. Einige spätere Abschnitte können dich nämlich entscheidend dabei unterstützen, das Beste aus der Übung zu machen.

## Übung 4: Meine Werte-Rangfolge

Du brauchst 100 kleine Karteikarten (z.B. A7) am besten blanko oder kariert und ein Gummi, um sie als Bündel zusammen zu halten. Blanko Visitenkarten sind noch besser geeignet, weil sie handlicher sind. Man kann sie im Schreibwarenhandel finden oder bei Amazon bestellen.

1. Im ersten Schritt schreibst du 20 Dinge, auf die du Wert legst, jeweils auf eine Karte. Das können materielle Sachen sein, wie dein Handy oder auch unsichtbare Qualitäten, wie deine Beziehung zu deinem Partner oder abstrakte Werte, wie Ordnung.
2. Als Zweites trägst du die Karten für zwei oder drei Tage mit dir herum und jedes Mal, wenn du merkst, dass du auf etwas Wert legst, notierst du es auf einer Karte. Auch wenn dir etwas gegen den Strich geht, schreibst du auf, was dabei der motivierende Wert ist – das, worauf du positiv Wert legst. Wenn dich also ein Stau aufbringt, dann schreibst du zum Beispiel: »schnelle Verkehrswege« statt »keine Staus«. Fahre damit fort, bis du die 100 Karten beschrieben hast. Der beste Zeitrahmen hierfür beträgt zwischen zwei und fünf Tagen.
3. Jetzt ist die Grundlage dafür gelegt, dass du deine Werte-Karten in eine Reihenfolge bringst. Und

zwar NICHT in die Reihenfolge, wie du sie gerne hättest oder dir vorstellst, dass sie dir entspricht. Du bringst sie stattdessen in die Reihenfolge, wie sie von deinem Verhalten ablesbar ist. Lies dazu noch einmal die Karten durch, um dich mit ihnen vertraut zu machen. Du wirst dabei merken, dass manche Formulierungen ein und dasselbe meinen. Behalte dann nur die Karte, die am besten ausdrückt, worum es dir geht. Sei dabei aber vorsichtig, um keinen wichtigen Wert zu verlieren. Bei diesem Prozess ist es oft möglich und hilfreich, einen Begriff ein wenig zu verändern, damit er noch genauer ausdrückt, um was es dir dabei geht.

4. Jetzt wählst du deine zwanzig wichtigsten Werte aus. Das kann zeitweise schwierig sein. Nimm es als deine erste Übung, bewusst zwischen verschiedenen Werten zu entscheiden und dich dabei kennen zu lernen.

5. Der Rest der Übung wird nur mit diesen zwanzig Karten stattfinden, die übrigen kannst du also wegwerfen oder getrennt aufbewahren. Bringe jetzt den Stapel der zwanzig Werte in eine Rangfolge, bei der ganz oben der wichtigste Wert ist und ganz unten, an der zwanzigsten Stelle, der unwichtigste. Oft wirst du dabei den abstrakten Wert über den konkreten Wert setzen, zum Beispiel »mich bewegen können, wohin ich will und

wann ich will« über »Mein Auto«. Manchmal aber wird es dir um den ganz konkreten Wert gehen.

6. Um die Rangfolge zu testen und genauer an der Realität auszurichten, nimmst du nun die zwei obersten Karten (»a« und »b«) in die Hand und sagst: *»Mein Verhalten zeigt, dass mir ›a‹ wichtiger ist als ›b‹«*. Du stellst dir dabei vergangene Situationen vor, in denen du zwischen den zwei Werten wählen musstest oder auch fiktive Situationen und spürst nach, ob die Aussage so stimmt. Wenn ja, lässt du die Karten in dieser Ordnung und wiederholst den gleichen Vorgang mit der zweiten und dritten Karte. Wenn die Karten nicht in der passenden Reihenfolge gestapelt waren, korrigierst du sie, so dass der wichtigere Wert nun obenauf liegt.

7. Du gehst alle zwanzig Karten in dieser Weise durch, wenn nötig mehrere Male, bis du sicher bist, dass sie die aktuelle Rangfolge deiner Werte widerspiegeln.

## Der Nutzen der »Werte-Übung«

Nach dieser Übung wirst du vielleicht merken, dass du nun einige deiner Verhaltensweisen besser verstehst. Du kennst dich jetzt auf der Ebene der Werte, die dich motivieren; dein authentisches Selbstbewusstsein wird dadurch bereichert, und Entscheidungen können dir leichter fallen, wenn du die Rangfolge deiner Werte berücksichtigst.

Vielleicht wirst du auch überrascht (oder geschockt) feststellen, dass manche Werte-Rangfolgen nicht deinen Vorstellungen von dir selbst entsprechen. Eine gute Chance, dich selbst so kennen zu lernen, wie du bist – und dein aufgesetztes Selbstbild hinter dir zu lassen!

Willst du deine Werte-Rangfolge ändern? Auch das geht. Manchmal reicht dafür schon diese einfache Übung:

## Übung 5: Wertsetzung verändern

1. Du betrachtest die fragliche Karte (»X«) und die mit der nächst höheren Rangfolge (»Y«) und fragst dich: »Wenn ich auf X mehr Wert legen würde als auf Y, was würde ich ändern?« Beispiel: *»Wenn ich auf Gesundheit mehr Wert legen würde als auf Bequemlichkeit, was würde ich ändern?«*
2. Du stellst dir dabei Situationen vor, in denen du zwischen X und Y entscheiden musst und diesmal X wählst. Spüre, wie sich das anfühlt.
3. Nun betrachtest du die fragliche Karte (»X«) und die mit der nächst höheren Rangfolge (»Y«) und fragst dich: *»Wie könnte ich mehr für X tun und dabei meine Wertschätzung für Y berücksichtigen?«* Beispiel: Ich könnte meine Wertschätzung für Bequemlichkeit berücksichtigen und mehr für meine Gesundheit tun, indem ich statt dem Aerobic-Training (das ich immer ausfallen lasse) regel-

mäßig im Wald spazieren gehe und mich (erst) danach in den Fernseh-Sessel kuschele.

4. Ab jetzt lässt du die Ergebnisse und Einsichten aus Schritt 1 bis 3 in deinen Tages- und Wochenablauf einfließen.

**Hinweis**

Falls dir die »Werte-Übung« zusagt, ist es eine gute Idee, sie circa alle sechs Monate zu wiederholen. Wenn du jeweils die Stapel mit den Karten aufbewahrst, kannst du sie dann untereinander vergleichen und sehen, in welche Richtung du dich entwickelt hast.

Wenn du beim Verändern deiner Werte-Rangfolge auf innere Schwierigkeiten stößt, die sich im Rahmen dieser einfachen Übung nicht überwinden lassen, empfehle ich dir das Kapitel über »Integratives Deprogrammieren« in meinem eBook »Positives Denken?«

## Hindernisse auf dem Weg

Ich habe nun die wichtigsten Einwände geklärt und einige Übungen vermittelt, die wohl zu den wirksamsten überhaupt gehören. Damit könnte ich jetzt doch zufrieden sein. Oder? Nein, nicht wirklich. Wenn das Buch nur bis hierhin reichen würde, wäre es so unvollständig wie eine Fahrschule, in der nur das Starten und Gasgeben gelehrt wird. Und hier geht es ja nicht nur um das Steuern eines Autos, sondern um die Frage, wie du dein ganzes Leben führst: ob du dabei von dir selbst getrennt bist oder liebevoll mit dir verbunden; ob du dabei nur Erwartungen anderer erfüllst oder authentisch aus dir selbst heraus dein Potenzial verwirklichst.

Und leider kommt es viel zu häufig vor: Menschen beginnen mit einigen Selbstliebe-Übungen, kommen zuerst auch gut vorwärts – nur um bald darauf in den ersten Hindernissen hängen zu bleiben. Wer also seine Selbstliebe vertiefen und dauerhaft daraus leben will, der muss wissen, dass es auf dem Weg dahin drei Barrieren gibt, die wir nur bewältigen können, wenn wir ihren Bauplan kennen. Ist uns der jedoch bekannt, wird es nicht nur möglich, sie zu überwinden – dann bereichern sie sogar unseren Weg!

Mit welchen Hindernissen haben wir es hier zu tun? Erstens mit so genannten »negativen« Gefühlen, zweitens mit *negativen Glaubenssätzen über uns selbst* und drittens mit einem kulturell verankertem Irrglauben über unsere persönliche Entwicklung, dem »KASA-Syndrom«. Vor allem das Letzte hat es in sich, und ich werde mich dieser versteckten Fußangel ausführlich widmen. Die ersten beiden Hindernisse habe ich bereits in anderen Büchern ausführlich besprochen. Hier also nur kurz die wichtigsten Aussagen darüber.

## 1. Negative Gefühle

*»Ich habe ja verstanden, dass ich mich selbst akzeptieren und vielleicht sogar lieben sollte, aber ich habe so viele negative Gefühle in mir!«* So oder ähnlich äußert sich diese Hürde, die meist nicht im ersten Anlauf zu nehmen ist. Denn: Jedes Mal, wenn wir wütend, ängstlich oder traurig sind und

solche Gefühle als negativ verurteilen, setzen wir eine Grenze. Wir sagen dann im Grunde: Diesem Teil von mir entziehe ich meine Akzeptanz – und natürlich erst recht meine Liebe.

Und: Solange wir »negative« Gefühle auf diese Weise ausklammern, behindern sie nicht nur unsere Selbstliebe, nein – unser ganzes Leben und unsere Entfaltung wird dadurch beeinträchtigt.

Wenn wir zum Beispiel die Wut über eine erniedrigende Behandlung hinunterschlucken, können wir unsere Selbstachtung nicht mehr ganz in Anspruch nehmen, geschweige denn verkörpern und ausstrahlen. Halten wir Angst in unserem Körper gespeichert, können wir uns nirgends ganz sicher und geborgen fühlen. Und solange wir die Traurigkeit über verlorene Liebe und Verbundenheit unterdrücken, können wir uns nicht auf neue Liebe einlassen.

Wenn wir also unsere Selbstliebe vertiefen und unsere Entfaltung voran bringen wollen, müssen wir auch unsere Sichtweise gegenüber den »negativen Gefühlen« ändern. Mindestens brauchen wir hier eine Haltung wie: »Das sind zwar verdammt negative Gefühle, aber sie gehören zu mir. Ich nehme sie jetzt an und beziehe sie in meine Selbstliebe mit ein«.

Diese Mindestbasis kann uns eine erste Hilfe sein, wenn es um das Annehmen solcher Gefühle geht. Ganz andere Möglichkeiten öffnen sich aber dann, wenn wir das ganze Konzept der »negativen Gefühle« in Frage stellen. Weiter unten, im Abschnitt »Negative Gefühle annehmen« sage ich mehr dazu und ganz ausführlich behandele ich dieses Thema im E-Book »Negative Gefühle?«.

## 2. Negative Glaubenssätze

Mit dem zweiten Hindernis haben wir zu tun, wenn wir uns eine Weile bemühen, unsere Selbstliebe zu vertiefen, aber trotzdem immer wieder auf eine hartnäckige innere Überzeugung stoßen, die unser Recht, uns selbst zu lieben (und geliebt zu werden), von Grund auf verneint.

Ich spreche von negativen Glaubenssätzen über uns selbst, die so tief verankert sind, dass sie uns wie die eigentliche Wahrheit über uns selbst erscheinen. Ich habe sie als *Grundthemen* bezeichnet, weil sie die Grundlage für die begrenzenden Strukturen unserer Persönlichkeit formen. Es gibt sieben solcher Grundthemen, alle anderen sind Variationen davon. Hier eine kurze Auflistung:

**»Ich bin nicht gut genug.«**

**»Ich bin schlecht/schuldig.«**

**»Ich bin nicht erwünscht als Frau/Mann.« Oder:**
**»Ich bin wertlos, weil ich ein(e) Frau/Mann bin.«**

**»Ich bin nicht willkommen/nicht erwünscht.«**

**»Ich bin nicht wichtig.«**

**»Ich bin es nicht wert, da zu sein/geliebt zu werden.«**

**»Ich bin falsch.«**

Stoßen wir auf solche innere Begrenzungen, kommen wir nur weiter, wenn wir unsere Selbstliebe radikalisieren. Das heißt, dass wir vor diesen Glaubenssätzen nicht halt machen, sondern stattdessen unsere Selbstliebe auf genau die Anteile richten, die mit diesen Glaubenssätzen zu tun haben.

Auch über dieses Thema habe ich bereits ein ausführliches E-Book geschrieben. Es heißt »Negative Glaubenssätze? Die Geschichte meiner Befreiung und die Entdeckung des Grundthemas«. Unter der Überschrift »Weitere Veröffentlichungen« findest du gegen Ende des Buches den direkten Link dazu.

### 3. Das KASA-Syndrom

Die beiden ersten Hindernisse werden auch von vielen anderen Autoren und Methoden berücksichtigt. Das dritte Hindernis ist dagegen weniger bekannt und versteckt sich so gut, dass wir es meist nicht als Barriere wahrnehmen. Ich selbst hätte es auch übersehen, wenn ich nicht durch meine Praxis als SAMAYA-Lehrer immer wieder darauf gestoßen wäre.

SAMAYA versetzte meine SchülerInnen sehr schnell in die Lage, körperlich spürbar ihr Wohlgefühl zu steigern, und zwar in einem Maße, wie sie es vorher nicht für möglich gehalten hätten. Und nicht als drogenartiges Fluchtmittel, sondern indem sie lernten, ausgeklammerte Gefühle einzubeziehen und innere Begrenzungen aufzulösen.

Mir fiel jedoch auf, dass nicht nur die Unterdrückung von Gefühlen als Grenze für Wohlgefühl und Entfaltung spürbar wurde, sondern auch Aussagen wie: »So viel Wohlgefühl halte ich nicht aus!«, »Das kann doch nicht so einfach sein!« oder: »Ich muss doch erst noch an meinem Problem XY arbeiten!« Und wenn ich in Seminaren bei der Selbstliebe-Übung auf die

Einwände achtete, dann folgten diese überwiegend dem Muster von: »Aber ich bin doch noch so ...!«

Die Vertiefung des Wohlgefühls und die Selbstliebe waren ja beides Dinge, die zur Selbstheilung und weiteren Entwicklung beitragen konnten. Meine Schüler blockierten jedoch beides mit dem Hinweis, dass es noch Themen für Heilung und Entwicklung gab!

Was war hier los? War die Art, wie wir normalerweise an unsere persönliche Entwicklung herangehen, schon das Hindernis? Was sind die natürlichen Gesetzmäßigkeiten unserer Entwicklung? Und wie kann man sich von darauf sitzenden Begrenzungen befreien? In meiner Beschäftigung mit diesen Fragen entstand das Verständnis der »Fünf Faktoren authentischer Selbstentfaltung« und vor diesem Hintergrund hob sich immer klarer das ab, was ich heute als KASA-Syndrom bezeichne.

Was sind die Auswirkungen dieses Syndroms? Vor allem bewirkt es einen Irrglauben darüber, wie wir uns entwickeln und vorwärts kommen können. Wir glauben dann quasi, dass unsere Füße gefesselt sind, dass schon der Wunsch auf zwei Beinen zu gehen anmaßend und vergeblich ist und dass unsere einzige Chance darin besteht, uns auf dem Boden liegend mit den Händen vorwärts zu schleifen.

Ist das übertrieben? Wenn man das KASA-Syndrom in seiner ganzen Tragweite versteht, dann wird klar, dass sein behindernder Effekt mindestens genauso verheerend wirkt. Dabei ist dieses Syndrom so weit verbreitet und erscheint so »normal«, dass du wahrscheinlich auch in gewissem Maße davon betroffen bist (ohne es zu wissen).

Gerade weil es so eng mit unserer normale Denkweise verflochten ist und so begrenzend in seiner Auswirkung, widme ich diesem Thema das ganze nächste Kapitel. Zunächst beleuchte ich darin die Fünf Faktoren authentischer Entfaltung, damit du im Kontrast die sonst unsichtbaren Fußfesseln des KASA-Syndroms deutlicher erkennen und dich leichter davon befreien kannst.

*So, wie jede Kastanie in sich*
*den ganzen Baum,*
*so trägt jeder Herzenswunsch in sich*
*das Potenzial seiner Erfüllung.*

# Die Fünf Faktoren authentischer Selbstentfaltung und das »KASA-Syndrom«

Ich muss ungefähr acht Jahre alt gewesen sein. Damals spielte ich viel in unserem Garten, einem kleinen Paradies, in dessen Mitte ein riesiger Kastanienbaum lebte. Sobald der Herbst einsetzte, begann ich voller Vorfreude auf die ersten Kastanien zu warten. Ich liebte alles an diesen merkwürdigen Kugelwesen. Vorsichtig die braunen, glatt-glänzenden Kastanien aus ihrer stacheligen Hülle schälen! Mit Taschenmesser und Streichhölzern Hunde, Pferde und Monster aus ihnen zaubern!

An diesem Morgen nun war mir aufgefallen, wie viele kleine Kastanienbäume unser Baum im letzten Jahr schon ausgesät hatte. Ich fand eine frisch gefallene, glatte Kastanie, umschloss sie mit meiner Faust und musste daran denken, dass ein ganzer Baum in ihr steckte – nein, nicht nur das: ganze Generationen von Bäumen!

Die Welle von Kraft und Staunen, die mich daraufhin durchströmte, war so groß, dass sie bis heute spürbar ist, wenn ich daran denke. Sie bestätigt gefühlsmäßig, was uns im Grunde klar ist, wenn wir die Natur mit ihrer unermesslichen Schöpferkraft betrachten: Sie geht dabei nicht mit dem »Kritisch-an-sich-Arbeiten« vor, das wir üblicherweise einsetzen, wenn wir etwas für unsere Entwicklung tun wollen. Keine einzige kleine Kastanie, die wachsen will, muss sich dafür schlecht machen, dass sie noch kein Baum ist. Wir aber tun so, als müssten wir das. Warum nur?

Denn auch wenn wir uns in vielem von Pflanzen und Tieren unterscheiden: Wir brauchen es genauso wenig, dieses ewige Missbilligen unserer Schwachstellen. Schon gar nicht, wenn wir uns entwickeln und mehr von unserem Potenzial leben wollen.

Das innewohnende Potenzial zu verwirklichen, sich zu entfalten und in der Auseinandersetzung mit dem Umfeld neue Fähigkeiten zu entwickeln, ist ein überall wirksames Prinzip der Natur. Tiere, Insekten und sogar Pflanzen tun es auf ihre Art – und wir Menschen tun es bewusst. Wir sind auf Grund unserer Hirnstruktur besonders lern- und entwicklungsfähige Wesen. Zusätzlich zur natürlichen Tendenz der Entwicklung können wir bewusst Erfahrungen auswerten, Gesetzmäßigkeiten entdecken und darauf beruhend neue Wege ausprobieren.

Wenn wir uns in diesem Sinne fragen, welche Elemente für unsere authentische Entwicklung nötig sind, wird klar:

**Sich selbst zu missbilligen, ist keine notwendige Bedingung für Entwicklung. Im Gegenteil!**

Kleine Kinder lernen solche komplexe Dinge wie Greifen, Laufen und Sprechen. Sie lernen es spielend und dann am leichtesten, wenn sie durch liebevolle Anerkennung unterstützt werden. Wenn sie durch Missbilligung angetrieben werden, reagieren sie dagegen eher mit verstockter Rebellion als mit freudigem Lernen.

Wir brauchen ihn nicht, den weit verbreiteten, lieblos-kritischen Blick auf uns selbst. Erst recht nicht, wenn wir uns entwickeln und das in uns schlummernde Potenzial verwirklichen wollen. Was wir für unsere Entfaltung stattdessen brauchen, sind die folgenden fünf Faktoren:

**Die Fünf Faktoren authentischer Entfaltung:**

1. **Bedingungslose Selbstliebe**
2. **Ausweitung im Potenzial**
3. **Integration innerer Hindernisse**
4. **Interaktion mit dem Umfeld**
5. **Konsolidierung**

Wenn ich jetzt kurz über jeden einzelnen dieser Punkte spreche, nimm die Möglichkeit in Betracht, dass es genau diese Fünf Faktoren sind, die deine »natürliche Art vorwärts zu kommen« ausmachen. Es wird dir dann umso leichter fallen, im Kontrast die »Fußfesseln des KASA-Syndrom« bei dir selbst zu erkennen.

# Die Fünf Faktoren im Einzelnen

## I. Selbstliebe

Es gibt einen innigen Zusammenhang zwischen Selbstliebe und Entfaltung. Ich führte anfangs bereits aus, dass die Liebe zu uns selbst der Antrieb unserer Entwicklung ist, die Grundlage, um mit uns selbst verbunden zu sein und nicht zuletzt auch ein immer tiefer greifendes Ergebnis unserer fortschreitenden Entwicklung. Nun möchte ich noch einen anderen Aspekt betonen:

Uns selbst zu lieben ist vor allem auch die *Bedingung* dafür, dass unsere Entwicklung authentisch ist. Wenn es nicht genug Selbstliebe gibt, was soll sich dann entfalten? Allenfalls Fremdbestimmung, Erfolgszwang, Egoismus, Ambition, zwanghaftes Karrierestreben und Konkurrenzkampf. Die Folgen sind: Stress bis hin zu Burn-out, Frustration, Sinnlosigkeit und wenn es einen Fortschritt gibt, dann einen, der von der Richtung authentischer Entwicklung weg führt.

Tatsächlich haben die meisten Menschen ein Bild davon, wie sie sein sollten und versuchen dann, dem zu entsprechen. Kaum jemand gibt sich genug Raum, ohne vorgefasstes Bild nachzuschauen, zu erspüren, zu erlauschen, was denn von innen her leben will.

Unsere Situation ähnelt oft dem eines Kastanienbaumes, dem man vorhielt, er solle sich an den Blättern des Apfelbaums ein Beispiel nehmen. Aus ihm wurde weder ein Apfelbaum, noch die prächtige Kastanie, die er hätte werden können.

Nun versucht er immer noch, ein Apfelbaum zu werden und wundert sich, warum seine Bemühungen so wenig Erfolg und Erfüllung bringen.

Versuchst du auch manchmal, einem vorgefassten Bild von dir zu entsprechen? Das ist verständlich, denn wir haben von klein auf versucht, die Erwartungen anderer zu erfüllen.

Es gibt dich jedoch nur einmal in der ganzen Menschheitsgeschichte! Du kommst mit einer eigenen Art, die Dinge zu sehen und darauf zu reagieren; mit Facetten des Lebens, die nur durch dich gelebt werden können. Du kommst mit einem ganz eigenen Potenzial an Daseinsfreude, kreativer Kraft und Liebesfähigkeit.

Nur wenn du das in dir angelegte Potenzial lebst – und zwar in der dir entsprechenden Art –, nur dann wirst du ein Gefühl von Erfüllung in deinem Leben erfahren. Nur wenn du dich selbst liebst, wirst du dich in deiner Einzigartigkeit kennenlernen und verwirklichen können. Alles Imitieren von anderen, alle Vorstellungen davon, »wie ich sein sollte«, sind dabei ein Hindernis. Du wirst davon loslassen müssen. In diesem Zusammenhang passt es gut, sich folgende Frage zu stellen:

***»Hätte das Leben jemand anderes an meiner Stelle gewollt – hätte es dann nicht einen anderen an meine Stelle gesetzt?«***

## II. Ausweitung im Potenzial

Uns selbst zu lieben, bringt uns in Kontakt mit unserem authentischen Potenzial. Dieses zeigt sich in den spontanen Impulsen unserer Seele und in dem, was wir uns von Herzen wünschen. Unsere Herzenswünsche sind wie Keimblätter eines Potenzials, das wachsen und blühen, das sich verwirklichen will.

**So, wie jede Kastanie in sich**
**den ganzen Baum,**
**so trägt jeder Herzenswunsch in sich**
**das Potenzial seiner Erfüllung.**

Nun geht es darum, diesem Potenzial Energie und Raum zu geben, damit es uns ganz ausfüllen und wirksam werden kann. Es geht darum, uns im Wünschen und Sehnen unserer Seele auszuweiten. »Ausweiten« ist hier ganz körperlich-energetisch gemeint. Wir spüren den Wunsch und atmen langsam und tief ein. Wir machen uns dabei weit, um diesem Wunsch in uns mehr Raum zu geben und uns mit dem speziellen Gehalt dieses Wunsches anzufüllen.

Bezüglich unserer Wünsche gibt es eine ganze Menge unbrauchbarer Sichtweisen; gerade auch in spirituellen Kreisen, wo Wünsche oft als Ursache des Leidens angesehenen werden. Weiter unten, wenn es um die Stärkung der Fünf Faktoren authentischer Selbstentfaltung geht, werde ich mehr dazu sagen.

Reicht intensives Wünschen aus? Mir gefällt an guten Filmen unter anderem, wenn sich die Akteure leidenschaftlich und konsequent für sich einsetzen. Was würde aus unseren Filmhelden werden, wenn sie nur arbeiten, essen, schlafen – und auf dem Sofa sitzen und fernsehen würden? Warum werden wir nicht zu leidenschaftlichen Akteuren in unserem eigenen Leben? Fehlt uns dazu die Selbstliebe?

Es genügt also nicht, unsere tiefsten Wünsche wahrzunehmen und ihnen innerlich Raum zu geben, wir müssen uns auch für sie einsetzen. Vorher haben wir aber oft noch mit einem anderen Faktor zu tun.

## III. Integration innerer Hindernisse

Wenn wir uns in unseren Herzenswünschen und authentischen Bestrebungen ausweiten, kann es passieren, dass wir auf innere Anteile stoßen, die dieser Ausweitung entgegenstehen. Diese inneren Barrieren können sich in Gedanken äußern wie: »Aber das kann ich mir doch nicht erlauben!«, »das schaffe ich eh' nicht!«, »das hat doch noch nie geklappt!« – oder sie werden als Kloß im Hals spürbar oder in einem Druck auf der Brust, der uns nicht frei atmen lässt. Meist hat das mit unterdrückten Gefühlen zu tun, die wir ausgeklammert halten und die deswegen unserer weiteren Entwicklung im Wege stehen.

Der Knackpunkt für unser Weiterkommen ist dann die Frage, ob wir diese inneren Anteile miteinbeziehen können. Denn solange wir innerlich gespalten sind in einen Teil, der etwas will und einen anderen, der sich dagegen sperrt, so lange haben wir kaum eine Chance, das Gewünschte zu erreichen.

Wenn jedoch alle unsere Anteile in eine Richtung streben, dann bewegen wir uns als eine Einheit, mit allen uns zur Verfügung stehenden inneren Quellen und Möglichkeiten – und was immer wir wollen, wird leichter zu verwirklichen sein.

## IV. Interaktion mit dem Umfeld

Wie erlebst du dich in der Welt? Ist dein Umfeld etwas, in dem du dich fremd fühlst, bemüht bist, dich anzupassen und gemäß äußerer Vorgaben »jemand« zu sein? Oder ist es etwas, was dir Geborgenheit gibt, dich nährt, dich fordert, aber auch fördert? Ist es ein Spielfeld, auf dem du dich selbst ausprobierst, dich selbst und die Welt kennen lernst und an deinen Erfahrungen wächst? Schauen wir uns das genauer an. Wollen wir uns mit unserem Umfeld auf optimale Weise austauschen, geschieht das auf drei verschiedene Arten:

- Wir machen uns empfänglich für Nährendes, das von außen kommt.
- Wir verarbeiten widrige und herausfordernde Situation innerlich und antworten uns selbst gemäß auf sie.
- Potenzial, das wir in uns tragen und als Impulse, Wünsche und Sehnsüchte spüren, verwirklichen wir in der Außenwelt.

Mit allen drei Formen der Interaktion wachsen wir. Wenn wir die *nährenden* Einflüsse empfangen, die in jedem Moment auf uns einströmen, stärkt das unsere Verbundenheit. Je bewusster wir sie in uns aufnehmen, umso mehr Kraft gibt uns das. Und jedes Mal, wenn wir eine *Herausforderung* meistern, reift unsere Seele an der Erfahrung. Doch der stärkste Entwicklungs-Schub kommt in Gang, wenn wir anfangen, unsere *Herzenswünsche* zu verwirklichen.

Dabei geht es zunächst darum, unsere Herzenswünsche ernst zu nehmen und daraus Ziele zu formulieren. Und ja, es geht dann auch darum, zu lernen, wie wir erwünschte Resultate erzielen können; mit anderen Worten: es geht um die Entwicklung kreativer Kraft.

Wir lernen dabei auch, unser Wollen mit den Begrenzungen unseres körperlichen Daseins zu vereinbaren, und wir lernen, es mit dem Wollen Anderer in Beziehung zu setzen. Wir verarbeiten, was als Rückmeldung aus dem Umfeld kommt, indem wir die damit verbundenen Gefühle integrieren. Auf diese Weise reifen und wachsen wir an unseren Erfahrungen.

Ein entscheidendes Element dieses Wachsens ist die Fähigkeit, unsere Fehler liebevoll zu betrachten und uns darüber zu freuen, dass wir aus ihnen lernen können. In der authentischen Interaktion mit dem Umfeld gewinnen wir an Selbstbewusstsein. Und zwar kein geborgtes Selbstbewusstsein, sondern ein durch Erfahrung gewonnenes, authentisches Selbstbewusstsein. Wir wissen um unsere Schwächen und kennen unsere Stärken. Beides ist einbezogen in unsere Selbstliebe.

## V. Konsolidierung

So wie viele Pflanzen sich phasenweise ausweiten (im Längenwachstum) und sich dann wieder verdichten, so wechseln auch wir nach Phasen der Ausweitung zu einer Phase der Konsolidierung und Festigung des Erreichten.

Neues wird immer wieder erprobt, bis wir es uns ganz zu eigen gemacht haben, bis es integrierter Teil unserer Gesamt-Persönlichkeit geworden ist. Ein vorher irgendwie funktionierendes System muss sich umorganisieren, um der neuen Struktur und Harmonie Gestalt zu geben. Der Konsolidierung dient, wenn wir das neu Gelernte bewusst anerkennen und genießen; wenn wir die erreichte Ausweitung auskosten und sie für uns selbst und mit anderen feiern.

Soweit erst einmal meine kurze Darstellung der »Fünf Faktoren authentischer Selbstentfaltung«. Weiter unten wird es um die Frage gehen, wie wir sie im Einzelnen stärken können. Aber eines ist jetzt schon klar:

**Im Prozess der Selbstentfaltung ist es an keiner Stelle nötig oder fruchtbar, sich selbst schlechtzumachen und zu missbilligen.**

Im Gegenteil! Je mehr Selbstliebe in diesem Prozess mitschwingt desto besser! Und doch missbilligen wir uns immer wieder: Eine 35-jährige Frau will abnehmen. Jedes Mal, wenn sie zu viel Süßes isst, macht sie sich innerlich selbst für ihre Disziplinlosigkeit schlecht. Ein 42-jähriger Mann will selbstbewusster werden. Jedes Mal, wenn er wieder ängstlich ist und sich nicht zu reden traut, »haut er sich innerlich in die Pfanne«. Ich selbst habe mich jahrelang für meinen Mangel an Organisation kritisiert; je wütender, desto fruchtloser!

Wir tun praktisch so, als wäre sich selbst schlecht zu machen, der einzige Weg zur Veränderung. Und obwohl dieses Verhalten offensichtlich keinen Erfolg bringt, verhalten wir uns weiter so! Es ist auch im gesellschaftlichen Umfeld so selbstverständlich, dass wir es kaum als etwas Besonderes wahrnehmen. Um es aus dieser Selbstverständlichkeit herauszuheben, habe ich ihm einen Namen gegeben: das »Kritisch-An-Sich-Arbeiten-Syndrom«, kurz: KASA-Syndrom.

## Das KASA-Syndrom

Wenn wir uns selbst lieben und unser Potenzial leben wollen, gehört dazu, dass wir uns liebevoll-kritisch die Ergebnisse unseres Handelns anschauen, dass wir uns fragen, was wir daraus lernen und was wir in uns stärken wollen. Das KASA-Syndrom erzeugt jedoch eine Art von kritischem Blick, die unsere Selbstliebe angreift und damit die Basis unserer Entfaltung untergräbt.

**Drei (unbewusste) Gedanken formen das KASA-Syndrom aus:**

- »Ich muss mich für ›XY‹ kritisieren. ›XY‹ bedeutet, dass ich nicht hundertprozentig okay bin. So bin ich es nicht wert, geliebt zu werden.«
- »Ich werde hart an mir arbeiten und ›XY‹ verändern müssen, bevor ich mich selbst annehmen und lieben kann.«
- »Je härter ich mich für ›XY‹ kritisiere, desto mehr Motivation werde ich haben, daran zu arbeiten.«

So lange wir von diesen Gedanken beeinflusst sind, können wir uns selbst nicht lieben. Wir verschieben das auf den Tag, an dem wir mit dem Ergebnis unserer Arbeit an uns selbst zufrieden sein werden.

Wie in dem bekannten Bild vom Esel, der einer Karotte nachläuft, die vor seiner Nase baumelt, so motiviert uns das KASA-Syndrom mit zukünftiger Selbstliebe. Dass wir sie auf diese Weise genauso wenig erreichen wie der bedauernswerte Esel seine Möhre, hat mehrere Gründe.

Zum einen wird Kritisch-an-uns-Arbeiten unsere generelle Haltung zu uns selbst. Eine unbewusste Denkgewohnheit, die automatisch abläuft und unsere Selbstliebe immer wieder hinausschiebt. Und falls wir mit einer bestimmten kritischen Arbeit an uns Erfolg haben sollten, erlangen wir damit keineswegs bedingungslose Selbstliebe. Nur eine Art »bedingter Selbstliebe«, weil wir dann eine Erwartung erfüllt haben. Es ist also auch noch eine faule Karotte, der wir da nachlaufen.

Zum anderen richtet sich unsere Hoffnung auf den Tag, an dem wir nichts mehr in uns finden werden, was es zu kritisieren gilt. Dazu durchsuchen wir uns ständig wie mit einem Scanner nach etwas Kritisierbarem – und finden das auch.

Außerdem: In der Ungewissheit, ob wir es jemals schaffen werden, wollen wir uns wenigstens an den Trost klammern, dass wir ja »immerhin an uns arbeiten«. Wir entwickeln so eine Art Sucht nach dem »Kritisch-an-sich-Arbeiten«.

Wenn dieser lieblose Umgang mit uns selbst (wie zu erwarten) nicht zum Erfolg führt, heißt die Schlussfolgerung: »Ich muss mich wohl *noch* härter kritisieren, um mit mehr Motivation an mir zu arbeiten!« So wird das KASA-Syndrom zu einem sich selbst zuziehenden Knoten, der unserer Selbstliebe immer weniger Raum lässt.

Fazit: Der Tag, an dem wir uns gemäß des KASA-Syndroms vollständig annehmen und lieben können, kommt nie.

### Und wie ist das in Therapie und Spiritualität?

Manchmal machen wir eine Therapie oder besuchen Kurse mit einer inneren Haltung, die nicht von Selbstliebe getragen sondern vom KASA-Syndrom angetrieben wird: *»Ich bin noch zu sehr von ›XY‹ geprägt. Ich werde daran arbeiten müssen, bis ich mich selbst lieben kann.«*

Dies ist, wie man sich jetzt denken kann, der Einstieg in eine endlose Mühle. Für ›XY‹ können wir einsetzen: beschränkende Muster, schmerzhafte Kindheitserfahrungen, die Geburt, vergangene Leben und das Ego. Verstärkend kommt dazu, dass viele der hier verwendeteten Methoden besonders gut geeignet sind, um immer wieder neues Material für das Kritisch-an-uns-Arbeiten zu finden.

Das KASA-Syndrom funktioniert also wie eine Mühle, die alles in ihr Mahlwerk zieht, sich ewig im Kreis dreht und durch ihre Tätigkeit vortäuscht, dass sich etwas Grundsätzliches bewegt und ändert.

Dieses Drehen der Mühle füttert und befriedigt zwar ein wenig den Teil in uns, der denkt, dass wir nicht okay sind und dass wir uns anstrengen und verbessern müssen, um geliebt zu werden (schließlich tun wir ja etwas!); aber dieser Teil ist uns ohnehin nur aufgepfropft.

Wenn wir ihm folgen, bringt dies lediglich kurzfristige Ersatzbefriedigung, und statt zu Selbstentfaltung führt es zu

Fremdbestimmung. Oder ist es Selbstentfaltung, wenn jemand in KASA-Manier alles daran setzt, zum »erfolgreichen« Abteilungsleiter aufzusteigen, obwohl in seiner Seele gerade alles danach drängt, mehr Liebe und Verbindung zu leben? Was »entwickelt« sich da auf Kosten seines Herzens und zugunsten von Burnout und eines baldigen Infarkts?

Authentische Selbstentfaltung geschieht nicht durch das KASA-Syndrom, sondern durch die Fünf Faktoren von Entfaltung.

### Kritisch an sich arbeiten oder lieber anerkennend?

Wir haben jetzt gesehen, dass kritisch an sich zu arbeiten für eine authentische Selbstentfaltung hinderlich ist. Manch einem mag es jedoch so erscheinen, als wäre die Ausweitung im eigenen Potenzial zusammen mit den anderen Faktoren nicht vertrauenswürdig genug. An sich zu arbeiten wirkt da ernsthafter und so, als würde es mehr Erfolg versprechen.

Wer gerne an sich arbeiten möchte, dem empfehle ich deshalb, dies auf eine anerkennende Weise zu tun. Dazu eine Definition von Arbeit, die man in Physikbüchern finden kann: Arbeit wird verrichtet, wenn ein Körper durch eine Kraft verformt oder bewegt wird. Je größer der Widerstand ist, die der Körper der Bewegung entgegensetzt, desto größer muss die Kraft sein.

So gesehen ist *Kritisch-an-sich-Arbeiten* etwa so, wie einen Felsbrocken den Hang hoch zu rollen und sich dabei ständig zu sagen: *»Dass es mir so schwer fällt, den Felsbrocken zu bewegen, beweist wieder, dass ich nichts tauge. Ich muss* *mich ordentlich niedermachen, damit ich Kraft bekomme, den Felsbrocken da hinauf zu rollen. Und schau nur, wie viel mir noch fehlt – ich glaube, ich werde es nie schaffen!«*

*Anerkennend-an-sich-Arbeiten* bedeutet dagegen, den Felsbrocken den Hang hoch zu rollen und sich dabei zu sagen: *»Oh ja, das wäre schön, den Felsbrocken da oben zu haben. Mal sehen, auf welche Art ich meine Kraft am besten anbringen kann. Aha, also SO geht es leichter und macht am meisten Spaß – da habe ich ja wieder was Tolles gelernt! Und schau mal, so viel habe ich schon geschafft!«*

*Anerkennend-an-sich-Arbeiten* heißt also, eine Wegstrecke zurückzulegen und dabei dem Potenzial, das sich ausweiten will, Raum und Nahrung zu geben. Es bedeutet, sich auf die vorhandenen Kräfte und Möglichkeiten zu stützen und erfreut jede Gelegenheit zum Lernen zu nutzen. Nun hinkt allerdings das Beispiel mit dem Felsbrocken beträchtlich, da es ja bei einer Arbeit an dir selbst nicht um ein schweres Objekt außerhalb von dir geht, sondern um einen inneren Anteil, der zu dir gehört!

Wenn ein inneres Potenzial sich in dir ausweiten will, steckt deine authentische Energie dahinter. Widerstehen dabei andere innere Anteile, dann tun sie das nur so lange, wie du sie noch nicht verstanden und einbezogen hast. In dem Moment, in dem du sie mit einbeziehst, löst sich der so genannte Widerstand auf, die darin ausgeklammerte Energie und Kraft steht dir sogar zusätzlich zur Verfügung und der Felsbrocken rollt fast von selbst den Hang hoch!

Dies ist dann übrigens die Wirkungsweise des dritten Faktors authentischer Selbstentfaltung, *Integration innerer*

*Hindernisse,* und wenn wir wie beschrieben liebevoll und anerkennend an uns arbeiten, sind die anderen Faktoren mit aktiv.

**Das KASA-Syndrom lähmt unsere Entfaltung!**

Vielleicht kannst du es bei dir selbst beobachten. Das nächste Mal, wenn du dich liebe-schmälernd kritisierst: Richtet es dich auf oder macht es dich runter? Fühlst du dich ermuntert oder deprimiert? Gibt es dir Energie oder raubt es sie dir? Fühlst du dich begeistert oder getrieben? Nutze die Gelegenheit, das KASA-Syndrom bei dir zu erforschen!

Gibt es einen Teil in dir, der sich von der destruktiven Selbstkritik Motivation für die Veränderung von »XY« verspricht? Du hast vielleicht selbst schon die Erfahrung gemacht, dass das nicht funktioniert. Meist ist es nämlich eher so:

***Je heftiger wir uns bewusst oder unbewusst für irgendeine Schwäche verdammen, desto hartnäckiger scheint sie weiterbestehen zu wollen. Sollte es uns gelingen, sie zu überwinden, taucht sie wieder auf, sobald wir lockerlassen.***

**Für diese Gesetzmäßigkeit gibt es Gründe.**
**Hier drei davon:**

1. Auch wenn es unserem bewussten Verstand nicht passt, dass wir zu viel Süßes essen, zu schüchtern sind, unseren Erfolg sabotieren oder mit einem anderen »Makel« gezeichnet sind: Es gibt einen

Teil in uns, der genau diesen Zustand hervorbringt. Er tut das, weil er sich davon etwas Gutes für uns verspricht – auch wenn uns sein konkretes Vorgehen schadet! Machen wir diesen Teil nun schlecht, dann zieht er sich ein paar Stockwerke tiefer in unser Unterbewusstsein zurück. Wir haben dann noch weniger Zugang zu ihm und folglich noch weniger Möglichkeiten, etwas an seinem schädlichen Verhalten zu ändern.

2. Sobald wir Fehler als Gelegenheit zum Lernen feiern und das Lernen selbst genießen, kommt das Gelernte bei uns an und wird Teil von uns. Voller Begeisterung wollen wir dann das Gelernte anwenden. Das KASA-Syndrom erschwert dagegen effektives Lernen und zögert es hinaus. Wenn wir uns für unsere Fehler schlechtmachen, wird das jeweilige Thema mit Angst und Scham aufgeladen, was uns schwächt und das Lernen erschwert. Außerdem läuft innerlich etwas ab, wie: *»Ja, verdammt, da zeigt sich mal wieder, dass ich nicht hundertprozentig okay bin. Ich MÜSSTE das eigentlich anders machen. Da werde ich wohl IN ZUKUNFT noch viel lernen müssen!«* Das KASA-Syndrom zögert das Lernen also hinaus!

3. Wenn wir uns für Schwächen oder begrenzende Muster schlechtmachen, beginnt ein äußerst vitaler Anteil in uns, genau an diesen Punkten festzu-

halten. Es ist der Teil in uns, der sich nach bedingungsloser Selbstliebe sehnt. Er wird die begrenzenden Muster so lange wiederholen, bis wir uns auch unter diesen Bedingungen annehmen und lieben können. Er gibt uns damit eine Möglichkeit, bedingungslose Selbstliebe zu entwickeln!

EIN BEISPIEL: Ich selbst habe mich lange Zeit dafür schlecht gemacht, dass ich meinen Erfolg immer wieder selbst sabotierte. Vergeblich! Erst als ich auch diesen Teil bedingungslos liebte, erst als ich dadurch unter anderem die Angst aufspüren und integrieren konnte, mit dem Erfolg kämen Missgunst, Neid meiner Freunde und Einsamkeit – erst dann konnte ich größere Erfolge in mein Leben lassen.

## In der Gegenüberstellung

Offensichtlich schwächt das KASA-Syndrom jeden einzelnen Faktor authentischer Selbstentfaltung. Hier die fünf noch einmal zur Erinnerung:

1. **Bedingungslose Selbstliebe**
2. **Ausweitung im Potenzial**
3. **Integration innerer Hindernisse**
4. **Interaktion mit dem Umfeld**
5. **Konsolidierung**

### Demgegenüber das KASA-Syndrom:

1. Es ist mit seiner kritisch-destruktiven Grundhaltung uns selbst gegenüber bedingungsloser Selbstliebe direkt entgegengesetzt.
2. Es orientiert sich an von außen übernommenen Maßstäben und missbilligt eigene Impulse. Damit behindert es die Ausweitung im eigenen Potenzial.
3. Es blickt kritisch auf innere Hindernisse und blockiert so ihre Integration.
4. Es nutzt Fehler und Schwächen als Gelegenheit zur Selbst-Erniedrigung, anstatt sie als Gelegenheit zum Lernen zu feiern. Das aber wäre für eine fruchtbare Interaktion mit dem Umfeld nötig.
5. Es erlaubt uns nicht, Erreichtes anzuerkennen, voll auszukosten und zu konsolidieren, denn der nächste Kritik-Punkt ist bereits Antrieb für die KASA-Mühle.

Ich sagte vorher, das KASA-Syndrom wirke für unsere authentische Entwicklung so begrenzend wie der Glaube, wir hätten Fußfesseln und könnten uns nur auf dem Boden liegend vorwärts schleifen. Ich hoffe, es ist durch diese Gegenüberstellung klar geworden, was ich damit meine.

## Wenn das KASA-Syndrom so unfruchtbar ist, warum verhalten wir uns dann so?

Ein Grund dafür ist unser Gehorsam gegenüber Erziehung und herkömmlichen Gesellschaftsnormen. Wir sind als Kinder meist mit Kritik, Bedrohung, Bestrafung und Liebesentzug erzogen worden.

Jedes Mal, wenn wir getadelt, missbilligt und kritisiert wurden, wurde dabei auch unterschwellig vorausgesetzt und als Glaube mit transportiert, dass Kritik und Missbilligung uns dazu anhalten zu lernen und uns zu verbessern. Ja, dass sie *notwendig* sind, um uns zu motivieren. »Früh krümmt sich, was ein Haken werden will!«.

Wir wurden also meist durch *Angst vor Beschämung und Bestrafung* angetrieben. Später als Erwachsene gehen wir dann davon aus, wir müssten uns jetzt selbst für unsere Schwächen schlechtmachen. Wir glauben unbewusst, dass wir *nur so* die Motivation für eine Veränderung aufbringen können. Unser Bedürfnis dazu zu gehören und der Wunsch, so zu werden wie unsere Vorbilder, bildeten ebenfalls eine starke Motivation, um diese Überzeugung zu übernehmen.

Dabei ist offensichtlich, dass Motivation durch Angst nur für das Reagieren auf Gefahr gut ist, also nur zeitweise und begrenzt. Sie eignet sich nicht dazu, uns nachhaltig positiv zu motivieren. Schon gar nicht, wenn es sich ums Lernen handelt oder darum, uns positiv zu entwickeln.

Denn wenn wir mit Angst und Scham zu etwas angetrieben werden (auch innerlich), wird jedes Mal ein wichtiger innerer Anteil dagegen aufstehen: unser Sinn für Autonomie und

Selbstausdruck. Er wird sich in passivem Widerstand oder gar in Selbst-Sabotage zeigen.

Langfristig und nachhaltig werden wir durch unsere *positiven* Werte motiviert: Das, worauf wir positiv Wert legen, davon wollen wir mehr. Das ist nicht nur in Bezug auf äußere Situationen wahr und wichtig, sondern umso mehr, wenn es um innere Qualitäten geht.

### »Aber wenn ich mich nicht mehr antreibe, dann mach' ich gar nichts mehr!«

Das ist der Originalton des KASA-Syndroms: der Glaube, dass wir uns nur durch inneres Antreiben motivieren können. Wenn wir uns lange auf diese Art motiviert haben, ist die Angst verständlich, dass wir ohne den inneren Kritiker und Antreiber nichts mehr zuwege bringen werden.

Es lohnt sich dann, mit dem folgenden kleinen Experiment ein paar neue Erfahrungen zu machen:

EXPERIMENT: Reserviere dir bestimmte Zeiträume, in denen du entspannst und nur dann etwas tust, wenn du wirklich Lust dazu hast. Erfahrungsgemäß wird nach einer Phase des »Nichts-tun-Wollens« eine neue, authentischere Art der Motivation spürbar. Du fürchtest, du könntest, bevor das eintritt, schon dem Antrieb gefolgt sein, irgendetwas »sinnvolles« zu tun? Mache währenddessen die Übung 7, »Selbstliebe mit Konsequenzen«, und folge dann einem der Impulse, die während der Übung in dir aufkommen.

## Am KASA-Syndrom arbeiten?

Nun könnten wir uns natürlich dafür kritisieren, dass wir so sehr vom KASA-Syndrom gekennzeichnet sind und uns dafür entscheiden, hart daran zu arbeiten. Wie wunderbar, da ist es wieder! Die Devise ist dann eher: Unser KASA-Syndrom in seinem bewundernswerten Eifer anerkennen und sich dann einer Alternative zuwenden, die sich besser anfühlt und mehr Erfolg verspricht!

Mit anderen Worten: Wir müssen nicht verbissen an unserem KASA-Syndrom arbeiten, um damit weiter zu kommen. Stattdessen können wir direkt die Faktoren authentischer Selbstentfaltung in uns stärken. Wenn dann das KASA-Syndrom auftaucht, können wir es liebevoll erkunden und an seiner Wurzel auflösen. Im Grunde will dieser Teil von uns ja nur erreichen, dass wir uns angenommen und geliebt fühlen können. Er geht aber davon aus, dass das nur indirekt durch »Kritisch-an-sich-Arbeiten« zu erlangen ist.

Wenn wir uns ihm nun liebevoll zuwenden, bekommt er genau das, wonach ihm am meisten dürstet: Anerkennung und – besser noch – bedingungslose Liebe. Oft reicht das schon aus und das KASA-Syndrom hört auf, eine Rolle zu spielen. Manchmal aber ist es hartnäckiger und braucht abseits vom »Kritisch-daran-Arbeiten«, dass wir uns länger damit beschäftigen. Im nächsten Abschnitt ein paar Hinweise dazu.

## Wie können wir das KASA-Syndrom direkt auflösen?

Drei wichtige Zutaten gibt es dafür. Zum einen ist es wichtig, dass du das KASA-Syndrom in seiner vertrackten Vergeblichkeit verstehst und dass dieses Verstehen ganz bei dir ankommt. Ja, diese ewige Anstrengung war vergeblich und hat dich nur von dir selbst getrennt. Zum anderen gilt es, die Fünf Faktoren der Selbstentfaltung zu stärken.

Für beide Aspekte ist es hilfreich, dieses Kapitel mehrmals zu lesen, bis das neue Verständnis dahin durchdringt, wo dein eigenes KASA-Syndrom verankert ist. Die dritte Zutat aber ist die wichtigste: Wenn du die Übungen anwendest, kann das Neue wirklich in Fleisch und Blut übergehen.

In diesem Sinne hier noch eine zusätzliche Übung aus unseren Kursen. Ich habe mich gefragt, ob es sinnvoll ist, sie hier einzufügen, da es etwas schwierig ist, sie alleine durchzuführen. Aber vielleicht hilft schon das aufmerksame Durchlesen. Oder du hast einen Partner, der dir dabei zur Seite steht (er sollte das Kapitel über das KASA-Syndrom gelesen haben). Oder du gehörst zu den Menschen, die gut solche Übungen auch alleine durchführen können. Hier jedenfalls diese lange Übung:

## Übung 6: Vom KASA-Syndrom zur authentischen Selbstentfaltung

Dies ist zwar eine Partnerübung (in den Rollen A und B), aber man kann sie auch (abgewandelt) alleine durchführen. Man sollte sich hierbei viel Zeit nehmen und sie erst ganz durchlesen, bevor man mit den Schritten beginnt. (Bei einigen gesprochenen Schritten ist es gut sie für eins bis zwei Minuten zu machen).

1. Erstelle eine Liste: »Etwas, wofür ich kritisiert werde/wurde, ist ...«
2. Markiere die Punkte, für die du dich auch selbst kritisierst.
3. Erstelle eine Liste der Dinge, für die du dich selbst zusätzlich kritisierst.
4. Markiere aus 2. und 3. den einen Punkt, der gleichzeitig am schwersten wiegt und an dem du wirklich etwas ändern willst. Atme und spüre, wie sich deine Stimmung von Schritt 1 bis 4 ändert.
5. A: *»Es ist okay für mich, ...* (der Punkt aus 4.) *zu sein/tun/haben.«* Beispiel: *»Es ist okay für mich, unordentlich zu sein.«*
   B: *»Ja, das ist okay. Lass dich das fühlen!«*
   A atmet, spürt und spricht eventuell vorhandene Einwände zur Seite hin aus.
6. A: *»Es ist okay für mich, ...* (der Punkt aus 4.), *weil ...«* (mit Beweisführung).

B: *»Ja, genau! Spüre, wie sich das anfühlt!«*
Die Beweisführung gibt uns a) einen Blickwinkel, die den Kritikpunkt in einen annehmbaren Zusammenhang stellen und b) lässt sie den Teil zu Wort kommen, der an der Schaffung des Problems beteiligt ist.
Beispiele: a) *»Es ist okay für mich, unordentlich zu sein, weil es auch unordentliche Leute geben muss.«* b) *»Es ist okay für mich, unordentlich zu sein, weil ich nur so meinem Vater eins auswischen kann.«*

7. A: *»Ich verzeihe mir jetzt, mich selbst destruktiv kritisiert zu haben!«*
B: *»Ja, verzeihe dir!«*

8. A: *»Offensichtlich habe/bin ich schon sehr …* (Gegenteil von Punkt 4.), *da ich …«*
Beispiel: *»Offensichtlich bin ich schon sehr ordentlich, weil ich jeden Morgen meine Schuhe vor dem Bett finde.«*
B: *»Gut! Sehr gut!«*

9. A: *»Etwas, was ich daran genieße, … ist …!«*
Beispiel: *»Etwas, was ich daran genieße, ordentlich zu sein ist, dass ich meine Sachen finde, wenn ich sie brauche.«*
B: *»Gut, koste das aus!«*

10. Formuliere, wie du … (den Punkt aus 4.) in Zukunft haben willst. Beispiel: *»Ich habe jetzt meinen eigenen Stil von Ordnung gefunden!«*

11. A: *»Ich entscheide mich jetzt* (für die kommende Woche), ... (Punkt aus 10.) *mehr zu genießen!«*
    B: *»Gut – spüre, wie sich das anfühlt!«*
    A spricht eventuelle Einwände zur Seite hin aus.

12. Zum Schluss spricht A noch einmal bekräftigend und ohne Einwände die Konsequenz des Prozesses aus: BEISPIEL: *»Ich entscheide mich jetzt (für die kommende Woche), meinen eigenen Stil von Ordnung mehr zu genießen!«*

    **Rollenwechsel.**

*Selbstliebe ist die Grundlage, der Antrieb und ein Ergebnis unserer Entfaltung*

# Zur Stärkung der Fünf Faktoren

## I. – Bedingungslose Selbstliebe

**»Ich habe nicht genug Selbstliebe. Wo soll ich beginnen?«**
Selbstliebe ist die *Basis,* von der aus authentische Selbstentfaltung geschieht. Ein gewisses Mindestmaß an Selbstliebe ist notwendig, damit wir uns überhaupt die Erlaubnis geben, uns zu entfalten.

Hast du dieses Mindestmaß? Auf jeden Fall! Denn der Teil in dir, der sich mehr vom Leben wünscht und in diese Richtung drängt, muss dich zu einem gewissen Ausmaß lieben, sonst würde er dir nicht mehr Lebensmöglichkeiten wünschen – und du wärst nicht bis zu dieser Zeile im Text vorgedrungen.

Trotzdem kann es sein, dass es dir noch schwerfällt, bewusst zu deiner Selbstliebe zu stehen. Der wichtigste Punkt ist hier, bei dem Ausmaß anzusetzen, das an Selbstliebe da ist (selbst wenn es noch so klein ist) und dieses zu nähren und auszuweiten. »Selbstliebe trotz Einwänden« (Übung 1) ist hierzu gut geeignet.

Unser Maß an Selbstliebe ist also die Grundlage unserer Selbstentfaltung. Die Stärkung und Vertiefung unserer Selbstliebe, bis wir uns vollständig und bedingungslos lieben können, ist aber auch ein *Ziel* und ein *Resultat* unserer Entwicklung. Ich sprach schon am Anfang des Buches über den Zusammenhang zwischen Selbstliebe und Entfaltung. Hier will ich das noch einmal in einem Satz zusammenfassen: Selbstliebe ist die Grundlage, der Antrieb und ein Ergebnis unserer Entfaltung.

Es ist zum einen ein Prozess, zum anderen aber auch eine Entscheidung. Du kannst dich *jetzt* entscheiden, dich hundertprozentig und bedingungslos zu lieben; einschließlich der Anteile, die du gerade ausgeklammert hältst – und einschließlich der Tatsache, dass du im Prozess bist, mehr Selbstliebe zu entwickeln! Du kannst dich *jetzt* vollständig und bedingungslos lieben! Worauf also warten...?

Ah! – erst muss du noch dies an dir ändern und an jenem arbeiten? Vorher musst du noch mehr Kontakt zu deiner Selbstliebe haben? Vorher bist du noch nicht hundertprozentig liebenswert...?

## Hast du die Übungen 1 und 2 schon ausprobiert?

Wenn nicht, tue es am besten, bevor du mit den noch kommenden Übungen beginnst. Alle weiteren Übungen in diesem Buch werden deine Selbstliebe vertiefen. Aber diese ersten beiden Übungen stärken alle anderen und garantieren, dass du das Beste für dich aus diesem Buch herausholen kannst.

Du hast Übung 1 schon probiert, hast aber keinen Zugang gefunden? Wenn das auftritt, ist der Grund in schätzungsweise 20 Prozent der Fälle, dass man sich nicht mit ausreichend Zeit, Ruhe und Konzentration der Übung widmet. Die Lösung dafür erklärt sich von selbst. In den meisten anderen Fällen liegt es an einem der drei Punkte, die ich nach der Übung im Abschnitt »Hinweise« angesprochen habe.

Sollte die Übung trotz dieser Hinweise für dich nicht funktionieren, nutze bitte die Kommentarfunktion unter den Übungen auf meiner Website (innerhalb der Miniserie), um dein Problem zu beschreiben oder Fragen zu stellen. Sei dir selbst wichtig genug!

Es folgen drei weitere Übungen zur Stärkung deiner Selbstliebe:

## Übung 7: Selbstliebe, über Einwände hinaus

1. Als erstes erstellst du eine Liste mit der Überschrift: »*Was ich an mir nicht mag, ist: …*«
2. Als nächstes markierst du die drei schlimmsten Dinge aus dieser Liste.
3. Nun sagst du den Satz: »*Ich liebe mich, auch wenn …*« und setzt nacheinander die Punkte aus Schritt 2 ein.

   Dabei atmest du so, dass du alles gut spüren kannst und beziehst die Punkte aus Schritt zwei in deine Selbstliebe mit ein.

   Wenn Einwände kommen, sprichst du sie zur Seite, wie in Übung 1.

## Übung 8: Dein Spiegelbild

1. Zu Beginn verbindest du dich mit deiner Selbstliebe. Zum Beispiel indem du ein paar Mal den Satz *»Ich liebe mich, so wie ich bin«* aussprichst und die Einwände zur Seite sortierst. (Siehe Übung 1 »Selbstliebe trotz Einwänden«). Wenn du ganz mit deiner Selbstliebe verbunden bist, gehst du weiter zu Schritt 2.

2. Nun schaust du in einen Spiegel und suchst dort die Begegnung mit dir selbst, indem du in eines deiner Augen schaust, vielleicht speziell in die Pupille. Wechsele zwischen dem rechten und dem linken Auge, spüre den Unterschied und bleibe bei dem Auge, bei dem du am meisten Kontakt zu dir selbst spürst.

3. Du suchst nun immer wieder die Begegnung mit dir selbst in deinen Augen und sprichst den Satz: *»Ich liebe mich so, wie ich bin«*. Spüre, wie sich das anfühlt und nimm wahr, wie sich das in deinem Gesicht auswirkt. Wenn Einwände aufkommen, sprich sie zur Seite aus, wie in Übung 1.

4. Zum Schluss gehst du zu verschiedenen Teilen deiner Erscheinung (deinen Haaren, deinen Augen, deiner Nase etc.) und sprichst den Satz *»Ich liebe meine (Haare), so wie sie sind.«* Am besten beginnst du dabei mit den Aspekten deines Aussehens, bei denen es dir leicht fällt, sie anzuneh-

men und gehst dann zu den schwierigeren Themen über. Wenn Einwände kommen, gehst du damit um wie in Übung 1. Bleibe bei jedem einzelnen Thema so lange, bis eine Veränderung spürbar wird, die dich fürs Erste zufrieden stellt.

### »Aber ich vergleiche mich immer mit anderen!«

Stellst du fest, dass du dich trotz der Selbstliebe-Übungen weiterhin zwanghaft mit anderen vergleichst? Das kann daran liegen, dass du durch ständige Wiederholung die entsprechenden Gehirnwege zu Highways ausgebaut hast. Der Zwang, dich quasi roboterhaft immer wieder zu vergleichen, wird abnehmen, wenn du die Selbstliebe-Übungen zumindest einen Monat lang konsequent praktizierst und damit der Selbstliebe den Weg ebnest.

Du kannst aber auch zusätzlich dem Vergleichs-Roboter in deinem Verstand ein Bein stellen. Denn sicherlich wird er doch das Vergleichen richtig gut machen wollen, oder? Und sinnvoll vergleichen hieße, dich mit jemandem zu vergleichen, der ungefähr genauso alt ist, das gleiche Geschlecht hat, ähnliche Dinge erlebt hat, von denselben Eltern erzogen wurde …

Du könntest also jedes Mal, wenn du dich dabei ertappst, dass du dich mit anderen vergleichst, »einen drauf legen« und dich »richtig gut« vergleichen, indem du innerlich den Ablauf der folgenden Übung durchgehst.

## Übung 9: Vergleichs-Kung Fu

1. Dir fällt in einer beliebigen Situation auf, dass du dabei bist, dich zu vergleichen.
2. Nun denkst du an die Person, mit der du dich gerade vergleichst und erinnerst dich: Diese Person müsste für einen sinnvollen Vergleich genauso alt sein wie du, das gleiche Geschlecht haben, die gleichen Dinge erlebt haben (denke an ein paar Ereignisse aus deiner Lebensgeschichte), dieselben Eltern haben …
3. Beobachte, wie der Vergleich in sich zusammenfällt.

Wenn du merkst, dass du dich trotzdem wie unter Zwang weiterhin mit anderen vergleichst, könnte es daran liegen, dass das durch dein Grundthema angetrieben wird. Vor allem für das Grundthema »Ich bin nicht gut genug« ist das zwanghafte Vergleichen typisch. Unter »Negative Glaubenssätze« im Abschnitt »Hindernisse auf dem Weg« habe ich das hier schon angesprochen und im E-Book »Negative Glaubenssätze« ausführlich beschrieben.

# II. – Ausweitung im Potenzial

Kannst du dich noch an das erinnern, was ich bezüglich unserer Herzenswünsche sagte?

***So, wie jede Kastanie in sich***
***den ganzen Baum,***
***so trägt jeder Herzenswunsch in sich***
***das Potenzial seiner Erfüllung.***

Stellt sich also die Frage, wie wir Kontakt zu unseren Herzenswünschen bekommen. Aber vorher müssen wir klären, wie wir sie von anderen Wünschen unterscheiden können. Vor allem von zwanghaft entstehenden Vermeidungswünschen und solchen, die eine Ersatzfunktion haben.

Einen *zwanghaften Vermeidungswunsch* spüre ich zum Beispiel, wenn ich mir eine Tafel Schokolade oder einen guten Fernsehfilm mit Popcorn wünsche, um ein Einsamkeitsgefühl zu unterdrücken. Es ist eine zwanghafte Vermeidungstechnik, die automatisch abläuft, bei der das eigentliche Bedürfnis unbefriedigt bleibt (zum Beispiel die Einsamkeit zu versorgen) und bei der sich kein inneres Potenzial entfaltet.

*Ersatzwünsche* sind umgelenkte Wünsche. Mein Wunsch nach erotischem Selbstausdruck kann umgelenkt sein auf den brennenden Wunsch, ein BMW-Sportcabrio zu besitzen; mein Wunsch nach vollständiger Selbstliebe auf den Wunsch nach Karriere, Prestige und äußerer Anerkennung.

Herzenswünsche gehören dagegen zu unseren *authentischen Wünschen*, zu denen, die natürlich in uns entstehen.

Davon gibt es viele, weil wir so viele Bedürfnisse haben. Wenn uns kalt ist, wünschen wir uns mehr Wärme, wenn es uns zu warm ist, mehr Kühle. Wenn wir uns langweilen, wünschen wir uns mehr Abwechslung; wenn zu viel los ist, wünschen wir uns mehr Ruhe. Alle diese Wünsche sind wichtig, weil sie für unser Überleben sorgen und für einen ausgeglichenen Seelenzustand.

*Herzenswünsche* heben sich unter anderen authentischen Wünschen dadurch hervor, dass es nicht nur um ein momentanes Bedürfnis geht, oder um einen anstehenden Ausgleich, sondern um ein größeres inneres Potenzial, das in uns schlummert und sich verwirklichen will.

Zur Selbstliebe gehört auch, dass wir einen innigen Kontakt zu unseren authentischen Wünschen pflegen, dass wir sie ernst nehmen und uns für sie einsetzen. Das ist auch die beste Voraussetzung, um unsere Herzenswünsche spüren und verwirklichen zu können.

### »Wie kann ich meine *authentischen* von den Vermeidungs- und Ersatzwünschen unterscheiden?«

Wenn wir uns selbst lieben, bringt uns das nicht nur in Kontakt mit unseren authentischen Wünschen. Wenn unsere Selbstliebe tief genug reicht, löst sie auch die Notwendigkeit auf, Gefühle zu unterdrücken und beseitigt somit die Wurzel für zwanghafte Vermeidungswünsche.

Und wenn ich mich selbst liebe, warum sollte ich dann meine authentischen Wünsche verleugnen und auf Ersatzwünsche umlenken? Zum Beispiel, weil ich mich zwar liebe, mich aber nicht traue, meinen authentischen Wunsch auszudrücken: »*Was werden die anderen sagen, wenn ich mit diesem Wunsch herauskomme?*« Mit anderen Worten: Ich habe Angst, die ich ausgrenze und die so meine Möglichkeit, den Wunsch auszudrücken, behindert.

Wohlgemerkt: Es ist nicht die Angst die mich behindert, sondern deren Ausgrenzung! Wenn ich nun bedingungslose Selbstliebe in den Teil tragen kann, der die Angst spürt, werde ich die Angst integrieren und die Grenze auflösen. Damit wird der Weg frei, meinen Wunsch auszudrücken.

Es geht also auch darum, der Selbstliebe die Kraft zu verleihen, all unsere Anteile umfassen zu können. Sonst bleibt das, was ich hier beschreibe, bloße Theorie. Die beste Art, die ich kenne, Selbstliebe bis in unsere verborgensten Winkel zu tragen, ist das Praktizieren von SAMAYA. Die zweitbeste, die Selbstliebe-Übungen so intensiv wie möglich zu praktizieren und bewusst mit dem Ausweiten des Atems zu verbinden.

**»Aber ist es nicht besser, vom Wünschen loszulassen?«**

Einige spirituelle Schulen glauben, dass uns das Wünschen und Sehnen *an sich* unglücklich macht; dass das Geheimnis des Glücks also darin liegt, wunschlos zu werden. Wer also Glück und Erfüllung erlangen will, der strebe nach der Wunschlosigkeit. Wunschlosigkeit als Wunsch – da ist er wieder!

Das Wünschen lässt sich so einfach nicht austreiben. Zum Teil entstand dieser Wunsch nach der Wunschlosigkeit wohl aufgrund von Berichten über spirituelle Meister. Diese hatten von ihrem wunschlosen Glück gesprochen, *nachdem* sie eins geworden waren mit der Existenz, nachdem in ihnen niemand

Gesondertes mehr da war, der etwas hätte wünschen können. Aber dieses wunschlose Glücklichsein direkt anzustreben ist unmöglich, es sei denn als Wunsch…

Aber warum nicht alles zu seiner Zeit?! Wenn wir einmal wunschlos sein werden, können wir wunschlos glücklich sein. Solange wir noch Wünsche haben, können wir *mit* unseren Wünschen glücklich sein!

Das ist gar nicht so schwer. Das Glücklichsein verschwindet nämlich nicht automatisch und naturgegeben (wie manche glauben), sobald ein Wunsch auftaucht. Und genau hier liegt die tiefere Wurzel für das Verehren der Wunschlosigkeit: der Glaube, dass Wünschen der Einstieg ins Leiden ist.

**Das Wünschen ist jedoch nur *dann* der Einstieg ins Leiden, wenn wir unser Wohlgefühl von der Befriedigung des Wunsches abhängig machen!**

Ja, das tun wir meist. Aber das heißt nicht, dass es in irgendeiner Form sinnvoll ist oder der Natur der Gefühle angemessen. Im Gegenteil. Ich habe im E-Book »Negative Gefühle?« schon ausführlicher dargestellt, dass es drei Hauptgruppen von Gefühlen gibt: Wünschen, Empfangen und Herausforderungen verarbeiten.

Und jede dieser Gefühlsgruppen lässt sich nur auf ihre *eigene* Art genießen. Das liegt daran, dass es grundsätzlich unterschiedliche Bewegungen unserer Seele sind. Bei Gefühlen des Empfangens und der Befriedigung nehmen wir etwas in uns auf, was von außen kommt. Die Energie bewegt sich von außen nach innen.

Bei den Gefühlen des Wünschens und Sehnens ist es genau anders herum. Die Bewegung beginnt innen, bei einem Bedürfnis, das nach Befriedigung strebt oder einem Potenzial, das sich verwirklichen will.

Wünsche und Befriedigung lassen sich also nur auf ganz *unterschiedliche* Art genießen: Wünsche, indem wir sie innen wachsen lassen und dann nach außen bringen; Befriedigung, indem wir sie von außen aufnehmen. Wünsche, indem wir uns darin ausweiten; Befriedigung, indem wir uns dafür empfänglich machen.

**»Was heißt konkret »in den Wünschen ausweiten«?** Das kann ich am besten anhand einer Übung erklären.

## Übung 10: In den Wünschen ausweiten

1. Zum Einstieg verbindest du dich mit deiner Selbstliebe. Gut geeignet dafür sind einige Sätze nach dem Muster von Übung 1 »Selbstliebe trotz Einwänden« (Alternative: Übung 2).
2. Wenn du mit der Liebe zu dir selbst verbunden bist, sagst du: *»Ich liebe mich, so wie ich bin, und wünsche mir …!«* Du atmest dabei tief und sanft und lässt dich überraschen von dem, was von selbst kommt. Wiederhole das einige Male, bis du einen Wunsch spürst, der dir wichtig ist.
3. Nun spürst du zu dem Wunsch hin, so als wolltest du ihn noch genauer kennenlernen; du kostest dabei

die Energie aus, die er in dir wachruft (ohne seine Befriedigung als Bedingung zu stellen) und atmest ein paar Mal sehr sanft, langsam und tief ein, bis dich die Energie des Wunsches ganz ausfüllen kann.

### Und die (leider) mögliche Frustration?

Und wenn unser Wunsch nicht befriedigt wird? Dann werden wir womöglich Frustration fühlen. Wäre dies das Ende unseres Wohlgefühls und der Beginn des Leidens? Nein – jedenfalls nicht automatisch. Nur, wenn wir mit der Frustration nicht umzugehen wissen.

**Wünschen ist *nur dann* der Einstieg in Leid und Unglück, wenn wir die mögliche Frustration nicht in unser Wohlgefühl zu integrieren wissen.**

Wir können also auf verschiedene Art glücklich sein: während kein Wunsch da ist, während ein Wunsch auftaucht, während wir uns in ihm ausweiten, während wir uns für seine Erfüllung einsetzen – und während wir seine Befriedigung empfangen oder seine Nichtbefriedigung verarbeiten und integrieren. Mit oder ohne Wunsch: Wir können die Wendungen des Lebens auf ihre Art genießen!

### Ausweitung ins Leben

Die nächste Übung ähnelt der vorherigen. Wir konzentrieren uns dabei jedoch nicht auf die Wünsche selbst, sondern machen uns empfänglich für das Resultat, für die Konsequenz der Selbstliebe.

## Übung 11: Selbstliebe mit Konsequenzen

1. Du gehst kurz nach innen und verbindest dich mit deiner Selbstliebe. Nutze dazu eine kurze Sequenz von Übung 1 »Selbstliebe trotz Einwänden« oder Übung 2.

2. Du sprichst immer wieder den Satz: *»Ich liebe mich, so wie ich bin und …«*. Dabei lässt du Ideen kommen, wie sich das in kleinen und großen Dingen ausdrücken würde und sprichst sie aus.

3. Bei jeder Idee, die dir als Konsequenz der Selbstliebe kommt, stellst du dir vor, wie du sie auslebst, spürst, wie sich das anfühlt und atmest langsam, sanft und tief ein, um dich ganz mit diesem Gefühl auszufüllen.

   BEISPIELE: *»Ich liebe mich, so wie ich bin und gönne mir einmal pro Woche einen Saunabesuch.« »Ich liebe mich, so wie ich bin und beginne das Buch zu schreiben, dass ich schon immer schreiben wollte.«*

### »Trenne ich mich nicht von anderen, wenn ich meine Bedürfnisse zu wichtig nehme?«

Werde ich damit nicht zu egoistisch? Diese Sorge kann auftreten, wenn wir bisher unsere Verbindung zu unseren Liebsten dadurch aufrechterhalten haben, dass wir unsere eigenen Bedürfnisse außen vor gelassen haben.

Wenn wir nun unsere Selbstliebe stärken, kommen wir vielleicht zuerst mit diesen vernachlässigten Bedürfnissen in Kontakt und denken dann, sie würden unsere Verbindung gefährden. Die alte Form von Verbindung, in der wir quasi nicht vorkamen, gefährden sie vielleicht wirklich. Für eine *neue* Form von Verbindung, in der wir mit unseren Bedürfnissen wahrgenommen und berücksichtigt werden, ist es jedoch geradezu eine Voraussetzung, dass wir unsere Bedürfnisse ernst nehmen und uns für sie einsetzen.

Zwei weitere Punkte führen von der Selbstliebe direkt zu tieferer Verbindung mit anderen. Der erste: Wir können andere viel leichter akzeptieren und lieben, wenn wir uns selbst lieben. Wie war das noch? »Selbstliebe ist die Mutter der Nächstenliebe.« Oder auch: »Selbstliebe ist die Mutter aller anderen Formen von Liebe!«

Der zweite Punkt: Wir haben nicht nur Bedürfnisse und Wünsche, die sich ganz individuell auf uns selbst beziehen, sondern auch solche, die sich auf Verbundenheit und Liebe mit anderen richten. Wenn wir unsere Selbstliebe vertiefen, kommen wir auch mit diesen Bedürfnissen in Kontakt, können sie dann kreativ in unsere Beziehungen einbringen und die Verbundenheit vertiefen.

## Übung 12: Herzenswünsche spüren

1. Zur Vorbereitung nutzt du den Satz *»ich liebe mich so, wie ich bin«* und sprichst die Einwände zur Seite nach dem Muster der Übung 1 »Selbstliebe trotz Einwänden«. (Alternativ: Übung 2)
2. Wenn du mit deiner Selbstliebe verbunden bist, sprichst du den Satz: *»Ich liebe mich, so wie ich bin und gönne mir das Beste im Leben.«* (Es geht dabei um das, was für dich auf ganz eigene Weise das Beste ist und dich glücklich machen würde.) Einwände sprichst du wie in Übung 1 zur Seite aus.
3. Als nächstes sprichst du den Satz: *»Ich liebe mich, so wie ich bin und mein Herzenswunsch ist …«*, und lässt ohne nachzudenken einen Herzenswunsch kommen.
4. Nun spürst du zu diesem Herzenswunsch hin und atmest tief, sanft und langsam ein, um dich ganz mit ihm anzufüllen. Genieße die Energie des Wunsches als solche, ohne deinen Genuss von seiner (möglichen) Erfüllung abhängig zu machen.
5. Du beginnst wieder bei Schritt 3 und wiederholst den Ablauf für mindestens zwei Minuten.

Wenn du die Übungen dieses Abschnitts anwendest, wirst du eine Ausweitung in Gang setzen; eine Ausweitung, die danach drängt, mehr von deinem Potenzial zu leben. Gemäß des

»Gesetzes der Auweitung« wirst du dadurch möglicherweise auf Beschränkungen stoßen. Begrenzungen, die bisher diese Ausweitung blockieren. Die Frage ist hier: Wirst du an diesen Begrenzungen halt machen, oder wirst du sie als eigene Anteile erkennen, als solche integrieren und dadurch bereichert vorankommen?

Wie du solche inneren »Blockaden« auflösen kannst, ist das Thema des nächsten Abschnitts. Weshalb ein Herzenswunsch in mancher Hinsicht einer Lokomotive gleicht, folgt gleich darauf in »Interaktion mit dem Umfeld«, und die tiefere Bedeutung des »Gesetzes der Ausweitung« wird deutlich, wenn ich zum Abschluss des Ebooks auf »ein natürliches Gesetz der Entfaltung und die vernachlässigte Schubkraft« zu sprechen komme.

## III. – Integration innerer Hindernisse

*»Ich habe so viele Blockaden in mir – ich komme nicht weiter!«* Wie oft habe ich dieses Aufstöhnen gehört, und wie oft hat die einfache Frage: *»Was meinst du mit ›Blockade‹?«* schon einen Schritt weitergeführt! Warum? Das möchte ich hier kurz erklären. Was wir mit dem Begriff »Blockade« verbinden, ist von so entscheidender Bedeutung, weil unsere Haltung gegenüber inneren Begrenzungen darüber entscheidet, ob wir sie überwinden können oder nicht.

Tatsächlich ist es so, dass innere Anteile unsere Entwicklung nur begrenzen, solange wir sie nicht in die neue Richtung miteinbeziehen. Wenn wir innere Anteile allerdings als »Blockaden« oder »Widerstände« bezeichnen, ist die Konfrontation bereits inbegriffen – und diese Anteile werden uns entsprechend widerstehen.

Hier ist es wichtig zu verstehen, dass wir keine »inneren Schweinehunde« in uns haben. All unsere Anteile sind auf »unserer Seite«. Wenn sie uns bei unserer Entwicklung im Wege stehen, dann deshalb, weil sie etwas Gutes für uns wollen, das noch nicht in die neue Richtung einbezogen ist.

### Wie können wir ausgegrenzte Anteile in die Ausweitung miteinbeziehen?

Der erste Schritt ist, vom Streitross des Blockade-Brechers herunter zu kommen. Das geht einfacher als wir meist denken, denn sobald wir beginnen eine »innere Blockade« genauer zu erkunden, entpuppt sie sich als das, was sie ist. Der Kampfbegriff »Blockade« oder »Widerstand« passt nicht mehr und daraus wird schnell: »Angst vor Ablehnung«, »Druck auf der Brust« oder »Nicht fühlen wollen«.

Der zweite Schritt ist nun, die Kampfbegriffe endgültig hinter sich zu lassen und die bisher darunter versteckten Anteile anzunehmen. Fällt uns dieses Annehmen schwer, hat das meist mit Gefühlen zu tun, die wir als »negativ« empfinden und deshalb ausklammern – von unserem Sinn für Wohlgefühl, von unserem Bewusstsein und von unserer Selbstliebe.

So lange wir diese Anteile ausgrenzen und unterdrücken, bilden sie eine Begrenzung für unsere Selbstliebe und unsere Entfaltung. Sobald wir sie einbeziehen, löst sich die Grenze auf. Der Dreh- und Angelpunkt ist hier also das Thema der »negativen« Gefühle.

## »Negative« Gefühle annehmen

Als ich von den »Hindernissen auf dem Weg« sprach, erwähnte ich bereits die »negativen« Gefühle. Ich sagte auch: Was wir mindestens als Basis brauchen, um solche Gefühle annehmen zu können, ist eine innere Haltung wie: *»Auch wenn das verdammt negative Gefühle sind, sie gehören zu mir und ich nehme sie als Teil von mir an.«*

Diese Mindestbasis kann oft ein Stück weiterhelfen und ich empfehle auf jeden Fall, sie zu nutzen. Sie ist aber eben genau das: eine Mindestbasis, die in ihrer Wirkung begrenzt ist. Denn allzu oft haben wir das Problem, dass wir keinen direkten Kontakt zu unseren Gefühlen bekommen oder dass die Akzeptanz nicht tief genug greift. Es lohnt sich also, hier noch ein paar Schritte weiter zu gehen.

Ein ganz neuer Horizont von Entwicklung tut sich nämlich auf, wenn wir die Bezeichnung »negative Gefühle« als solche in Frage stellen. (Ja genau, die Bezeichnung und das darin wirksame Konzept). Sobald wir hinter das Verbots-Schild »Achtung: negatives Gefühl!« gelangen und direkten Zugang zu den Gefühlen selbst gewinnen, können wir eine entscheidende Wahrheit unseres Lebens entdecken:

***Die Ursache für unsere Probleme mit diesen Gefühlen ist nicht, dass sie von Natur aus negativ sind. Die Ursache ist vielmehr das kulturell verankerte Konzept, das sie als negativ beurteilt.***

Es ist dieses Konzept selbst, das uns diese Gefühle als unangenehm und negativ empfinden lässt, das uns den Zugang zur wahren Natur dieser Gefühle verstellt, und das zur Unterdrückung vitaler Anteile und zu innerer Begrenzung führt. Die wahre Natur unserer »negativen« Gefühle? Ich erwähnte bereits die drei Hauptgruppen von Gefühlen: Wünschen, Empfangen und Herausforderungen verarbeiten.

In all unseren »negativen« Gefühlen bewegt sich unsere Seele, um eine widrige Situationen zu verarbeiten. Sie tut das, um auf die äußere Herausforderung *uns selbst gemäß* antworten zu können. Das ist die natürliche Aufgabe dieser Gefühle, und sie sind äußerst wichtig für ein authentisch gelebtes Leben. Wir sollten unsere »negativen« Gefühle also passender »herausgeforderte Gefühle« nennen; das würde ihrer wahren Natur entsprechen.

Zugespitzt gesagt: Die so genannten »negativen« Gefühle sind ihrer wahren Natur nach positiv, denn sie bereichern immer unsere Lebendigkeit und unseren Kontakt zu uns selbst – jedenfalls dann, wenn wir sie ganz in unsere Selbstliebe einbeziehen. Wut entpuppt sich dann als stärkend, Trauer verbindet uns mit unserem Herzen und Angst aktiviert unsere Schutzenergie.

Die kulturelle Indoktrination mit dem Konzept der »negativen Gefühle« ist mithin der Hauptgrund für unsere emotionalen Probleme. Mit einem angemesseneren Verhältnis zu diesen Gefühlen hätten wir die Wunden unserer Vergangenheit längst geheilt. Und statt durch unterdrückte Gefühle eingeschränkt zu sein und in verschiedene Anteile aufgeteilt, würden wir aus einem Guss leben und Selbstliebe wäre etwas Selbstverständliches.

Wer mehr Klarheit über dieses wichtige Thema bekommen will, dem empfehle ich dazu mein E-Book »Negative Gefühle? – Die wahre Natur von Wut, Traurigkeit und Angst verstehen und glücklicher leben«. (Link unter »Weitere Veröffentlichungen«).

Hier jetzt aber noch eine Übung, die als erste Hilfe funktionieren kann, wenn es darum geht, aktuell schwierige Gefühle anzunehmen:

## Übung 13: Gefühle annehmen

Diese Übung geht nach dem gleichen Prinzip vor wie Übung 1 »Selbstliebe trotz Einwänden«. Voraussetzung ist, dass du gerade mit einem schwierigen Gefühle beschäftigt bist und dir das Gefühl bewusst ist. Hier die Schritte:

1. Du beginnst mit dem Satz: *»Es ist okay für mich,* … (das Gefühl) *zu fühlen.«*
2. Du verbindest dich mit deiner Absicht das Gefühl anzunehmen und atmest langsam und tief ein, so als wolltest du das fragliche Gefühl umhüllen.
3. Bei Schritt 1 und 2 können die Einwände gegen das Gefühl deutlich werden (zum Beispiel: *»Nein, das ist nicht okay!«* oder *»Aber das macht mich doch so …«*). Du sprichst diese Einwände zur Seite hin aus und beginnst wieder bei Schritt 1.

Das Aussprechen zur Seite wirkt dabei wie ein Aussortieren. Die Einwände, die bisher verhindert haben, dass du das Gefühl annehmen konntest, »räumst du zur Seite«. Wenn du nun wieder bei Schritt 1 und 2 deine Akzeptanz des Gefühls bekräftigst und ausweitest, kannst du im Geiste die Einwände miteinbeziehen und darüber hinausgehen.

Deine Akzeptanz des Gefühls wird nach und nach stärker, nimmt mit jedem Einwand, den du zur Seite räumst, mehr Raum ein, bis du das Gefühl ganz annehmen und integrieren kannst. Statt dir im Wege zu stehen, wird es dich nun bereichern.

## IV. – Interaktion mit dem Umfeld

Ich habe schon die drei Hauptformen erwähnt, in denen wir uns mit der Außenwelt austauschen: erstens Nährendes empfangen, zweitens auf Herausforderungen antworten und drittens eigenes Potenzial verwirklichen.

Je begrenzter wir in diesen drei Aspekten sind, umso mehr wird die Interaktion mit unserem Umfeld zu einer Belastung, die uns ermüdet und innerlich schrumpfen lässt. Je freier wir uns in allen drei Richtungen bewegen können, umso mehr wird sie zu einem lebendigen Betätigungsfeld unserer Seele, das uns nährt und zu wachsen erlaubt.

Im folgenden Abschnitt will ich die wichtigsten Punkte herausstellen, die hierbei eine Rolle spielen.

## Nährendes empfangen

*»Natürlich würde ich gerne mehr Nährendes empfangen – aber davon bekomme ich einfach nicht genug«*. So oder ähnlich lauten hier meist die Begrenzungen, die zunächst logisch erscheinen, denen aber ein subtiles Missverständnis zugrunde liegt. Wir glauben meist, dass es beim Empfangen nur um das geht, was von außen kommt. *»Ich gebe ständig, aber ich bekomme nicht genug«*.

Es kann natürlich sein, dass Geben und Empfangen aus der Balance geraten sind und dass es gilt, das zu korrigieren. Aber auch in diesem Fall fehlt hier oft noch ein wichtiger Teil der Wahrheit. Ich spreche hier von dem Fakt, dass das Ausmaß dessen, was wir empfangen, auch stark von unserer *Fähigkeit zu empfangen* abhängt.

Ein Beispiel: Wenn wir eine halbe Stunde lang durch den Wald gehen, dabei mit tiefem Einatmen die frische, würzige Luft in uns aufnehmen, die Farben genießen und auf den Gesang der Vögel lauschen, wird uns diese halbe Stunde mehr erfüllen, als eine ganze Stunde Waldspaziergang, während der wir aber ausschließlich an die Probleme auf der Arbeit denken und damit unempfänglich sind für das, was uns umgibt.

Ein weiteres Beispiel: Selbst falls uns jemand mit seiner ganzen Liebe überschüttet, wird nur wenig von dieser Liebe bei uns ankommen, wenn wir uns dabei steif und unempfänglich machen. Wenn uns dagegen jemand nur ein wenig von seiner Liebe gibt und wir machen uns vollkommen empfänglich dafür, kann uns das vollständig erfüllen.

Heißt das also, wir sollten aufhören, nach Dingen zu verlangen und uns mit dem zufrieden geben, was wir schon haben? Nein. Eher so herum:

***Je mehr wir von dem empfangen, was uns schon zugänglich ist, umso mehr können wir von dem erlangen, was wir uns außerdem erwünschen.***

**Hier ein paar recht genießbare Gründe dafür:**

*Genussvolles Empfangen erleichtert es, Neues zu empfangen.* Wenn wir unsere Fähigkeit zu empfangen stärken, können viele neue Dinge leichter zu uns gelangen, als wenn wir vertrocknet und verschlossen sind.

*Genussvolles Empfangen stimuliert genussvolles Sehnen.* Je mehr wir das Vorhandene empfangen und genießen, desto mehr lernen wir von innen kennen und wertschätzen, was uns Freude bringt – und umso mehr Lust bekommen wir, uns mehr davon zu ermöglichen. Und dies nicht aus unerfülltem Verlangen oder suchtartiger Gier, sondern aus einer ruhigen Befriedigung heraus, die weiß, dass mehr möglich ist.

*Genussvolles Empfangen lässt uns genauer wünschen.* Wenn wir uns ganz empfänglich machen, für das, was schon da ist, können wir genauer wahrnehmen, was uns noch fehlt und können unsere Wünsche konkreter formulieren.

*Genussvolles Empfangen fördert kreatives Handeln.* Wenn wir das Gute, was uns zugänglich ist, vollständig empfangen, lässt uns das Dankbarkeit empfinden und bringt uns in tieferen Kontakt mit unserer Realität. Das wiederum stärkt unsere Fähigkeit, kreativ mit unserer Realität umzugehen und Neues hervorzubringen.

## »Geben ist seliger denn Nehmen«?

Im Grunde sind die obigen Aspekte leicht zu verstehen und eigentlich sehnen wir uns auch danach, genug Nährendes zu empfangen. Trotzdem sind wir manchmal im »Aushalten-und-Geben-Modus« festgefahren. Obwohl unsere Batterien schon fast leer sind, halten wir weiter aus und geben und geben und geben. Warum machen wir uns dann nicht empfänglich und laden unsere Batterien auf? Warum stehen wir dann nicht zu unseren Bedürfnissen und sorgen für Ausgleich?

So merkwürdig es scheint: Hier gibt es oft die Schranke, dass wir uns in der Position des Gebenden sicherer fühlen, als in der des Empfangenden. Empfänglichkeit oder gar Bedürftigkeit scheint uns verletzlich zu machen, und das wollen wir vermeiden. Lieber sind wir der Gebende, der Stärkere – bis unsere Bedürftigkeit uns schließlich einholt und wir zusammenbrechen. Da ist es gut, sich daran zu erinnern:

***Stärke, die sich abtrennt, trocknet aus und zerbricht. Stärke, die sich öffnet, kann aus vielen Quellen schöpfen und sich fortwährend erneuern.***

Gerade wenn du eine Frau oder gar Mutter bist, ist es wichtig, dass du diese Zusammenhänge beherzigst. Es ist sonst so leicht, dass du in die ewig gebende Rolle schlüpfst und ausbrennst.

Natürlich spielt beim Empfangen auch die Selbstliebe eine Rolle. Ohne Selbstliebe kommen wir gar nicht wirklich vor in unserem Leben und können somit auch nicht vollständig empfänglich sein für all das, was scheinbar selbstverständlich für uns da ist. Die folgende Übung gibt dir eine Möglichkeit, den Strang zu stärken, der von der Selbstliebe zur Empfänglichkeit führt.

## Übung 14: Selbstliebe und Genuss

Um dich zum Einstieg mit deiner Selbstliebe zu verbinden, kannst du die Übung 1 »Selbstliebe trotz Einwänden« oder auch Übung 2 nutzen.

1. Du sprichst den Satz: »*Ich liebe mich so, wie ich bin und empfange und genieße jetzt mehr von …* (etwas, was du schon hast und stärker empfangen und genießen willst)«.
2. Du spürst den speziellen Genuss, den … dir ermöglicht und kostest ihn mit vollen und langsamen Atemzügen aus.
3. Falls Einwände den Genuss begrenzen, sprichst du sie zur Seite hin aus.

Kommen bei dieser Übung Einwände nach dem Muster: »*Aber ich will doch …* (noch mehr davon bekommen oder mehr von diesem anderen etc.)«? Wenn sich solche Einwände hartnäckig wiederholen, ist noch nicht ganz angekommen, was ich oben sagte: »Je mehr wir von dem empfangen, was uns schon zugänglich ist, desto mehr können wir von dem erlangen, was wir uns außerdem erwünschen.« Im Zweifelsfall ist es ratsam, den obigen Abschnitt noch einmal zu lesen. Noch wichtiger aber ist, diese Einwände nicht als Grenze zu betrachten und stattdessen mit der Übung weiter zu machen.

### Dankbarkeit

Klar, wir sind als Kinder oft zum Danke sagen gezwungen worden. Doch ganz abseits von Normen des Benehmens ist es sinnvoll, sich über Dankbarkeit ein paar Gedanken zu machen. Du hast es wahrscheinlich selbst schon erlebt: Wenn du authentische Dankbarkeit fühlen und ausdrücken kannst, schließt das den Kreis mit dem Gebenden, es tut aber auch dir selber gut.

Dankbarkeit bedeutet bewusst anzuerkennen, dass du etwas empfängst. Sie ermöglicht, dass das Empfangene ganz bei dir ankommt. Sie würdigt das Empfangen selbst und dich als den Empfangenden. Sie lässt dich deinen Platz einnehmen, an der Stelle, an der du in den Kreislauf von Geben und Nehmen eingebettet bist. Und: Wenn wir für Empfangenes nicht dankbar sein können, uns aber mehr wünschen, gleichen wir einem Fass ohne Boden. Unsere Bitten verlieren so an Kraft und Berechtigung. Es ist also aus vielen Gründen sinnvoll, unsere Fähigkeit zur Dankbarkeit zu vertiefen.

## Übung 15 : Empfangen und Dankbarkeit

1. Du sagst den Satz: *»Etwas, wofür ich dankbar bin, ist: …«* (falls es schwierig ist, Dankbarkeit auszusprechen, sagst du zunächst etwas wie: *»Worüber ich froh bin …«* und gehst dann zur Dankbarkeit über).
2. Du spürst den speziellen Genuss, den dir … ermöglicht und kostest diesen mit vollen und langsamen Atemzügen aus.
3. Falls Einwände deine Dankbarkeit begrenzen, sprichst du sie zur Seite hin aus.

### »Mir fällt aber nichts ein, wofür ich dankbar sein könnte!«

Ja, manchmal sind unsere Leben so übervoll mit Herausforderungen, dass sie das Gute verdecken, das fraglos für uns da ist und unsere Basis nährt. Oft ist es dann hilfreich, einen »tiefen Schluck aus dem Becher der Wahrheit« zu nehmen. Kannst du dich noch an den »kleinen Schluck« erinnern? Ich empfehle dir, noch einmal zu dieser Stelle zurück zu gehen und diese Übung mit den dort angesprochenen grundsätzlichen Dingen zu machen, bevor du deine Dankbarkeit auf andere Aspekte deines Lebens richtest. Du findest den »kleinen Schluck« auf Seite 20.

## Auf Herausforderungen antworten

Wir haben alle schon bemerkt, dass die Welt nicht nur aus Wünschen und Empfangen besteht. Es gibt auch eine Menge Herausforderungen zu meistern. Ich finde zwar oft, dass eine geringere Dosis an Schwierigkeiten angemessener wäre, aber ich muss zugeben, Eines ist dabei gut eingerichtet: Bei jeder Herausforderung wird genau die Instanz in uns aktiviert, die dafür zuständig ist.

Wenn uns etwas bedroht, aktiviert das unseren Sinn für Schutz und Geborgenheit. Falls wir im Begriff sind, eine wertvolle Beziehung zu verlieren, schmerzt das unseren Sinn für Liebe und Wertschätzung. Sollten wir schlecht behandelt werden, steht unser Sinn für Würde und Selbstachtung dagegen auf. Und immer, wenn wir die dabei entstehenden *herausgeforderten* Gefühle annehmen und verarbeiten, können wir uns selbst gemäß auf die herausfordernden Situationen antworten.

Das Problem ist nur: Die herausgeforderten Gefühle werden gemeinhin als »negative Gefühle« betrachtet und entsprechend ausgeklammert oder unterdrückt. Das aber erschwert es uns, mit Herausforderungen sinnvoll umzugehen. Ich habe dieses wichtige Thema schon in meinem E-Book »Negative Gefühle?« ausführlich behandelt und werde es hier nicht weiter ausbreiten.

Was aber hierher gehört und auch nicht den Rahmen sprengt, ist das Thema der Missachtung. Wenn wir erniedrigend behandelt werden, kann das unsere Selbstliebe extrem herausfordern und auf die Dauer zermürben. Um so wichtiger ist es deshalb, hier effektive Schritte zu tun.

Bei extremer Missachtung wie körperlicher Misshandlung oder seelischem oder sexuellem Missbrauch werden wir kraftvoll absolute Grenzen setzen oder die misshandelnde Person verlassen müssen. Gerade bei sexuellem Missbrauch wird das erschwert, wenn wir auch in der Kindheit Ähnliches erlebt haben. Das ist ein eigenes Thema, das ich hier nicht ausführen kann. Auf Anfrage schicke ich jedoch gerne einen Artikel darüber zu.

Im nächsten Abschnitt geht es um Situationen von Missachtung, die unterhalb der oben genannten extremen Formen bleiben. Situationen, in denen unsere Bedürfnisse nicht zählen, in denen wir nicht gehört oder ungerecht behandelt werden.

## Missachtung in Respekt verwandeln

*»Ich werde oft schlecht behandelt. Aber wenn ich mich wehre, geht es noch schlechter für mich aus.«* Wie oft habe ich das hören müssen! Und ich weiß, wie es sich anfühlt, denn in meiner Schulzeit habe ich selbst viel Missachtung erfahren müssen. Vielleicht hast du selbst schon Ähnliches erlebt oder kennst jemanden, dem es so geht?

Wenn wir uns gegen Missachtung wehren und dabei »den Kürzeren ziehen«, geben wir meist auf, ziehen uns zurück, halten nachfolgende Grenzverletzungen aus und tun dann so, als wäre nichts geschehen. Äußerlich bleibt alles beim Alten, aber unser Selbstwertgefühl schrumpft gegen Null und unsere Selbstliebe erst recht. Meist liegt diesem Rückzug ein Zwiespalt zugrunde: Auf der einen Seite wollen wir die Erniedrigung nicht auf uns sitzen lassen, auf der anderen wollen wir uns aber das Leid ersparen, das mit schwierigen Konflikten oder schlimmerer Erniedrigung einhergeht.

Die Ursache für dieses Dilemma ist, dass wir nicht wissen, wie wir für uns einstehen können, ohne eine aggressive Reaktion des Anderen herauf zu beschwören. Diesen Rückschlag-Effekt zu vermeiden, ist auch wichtig; denn jedes Mal, wenn wir uns vergeblich zur Wehr setzen, wird es noch schwieriger, die nachfolgende Selbst-Erniedrigung (*»siehst du, es hat doch keinen Zweck«*) zu vermeiden. Um aus dieser Klemme herauszukommen, empfehle ich, in drei Phasen vorzugehen.

## Phase eins

Das Thema der Missachtung hat einen inneren und einen äußeren Aspekt. Der innere ist grundlegend: Wenn unsere Selbstliebe unter ein Mindestmaß gesunken ist, dann sind wir innerlich quasi nicht vorhanden. Es ist, als wäre niemand im Haus – und alle bedienen sich so gut sie können.

Wenn wir uns auf dieser (fehlenden) Basis gegen eine respektlose Behandlung zur Wehr setzen, wird uns niemand ernst nehmen. Selbst wenn wir die Tipps aus hunderten von Büchern über Selbstbehauptung anwenden, wirkt das nur lächerlich.

Wir müssen also hier als erstes die Liebe für uns selbst zurückgewinnen, in uns verankern und so vertiefen, dass sie uns ganz ausfüllt. Auf diese Weise können wir dafür sorgen, dass wir innerlich vorhanden sind und von dieser Basis aus unseren Platz im Leben ausfüllen können.

Am besten sind dazu die Übungen 1 und 2 im ersten Teil des Buches geeignet. Ich empfehle, sie so lange zu praktizieren, bis sie in kurzer Zeit greifen (z.B. nach zwei Minuten) und uns spürbar mit Selbstliebe ausfüllen. Sobald das erreicht und die innere Bereitschaft dafür da ist, können wir zur zweiten Phase übergehen.

### Phase zwei

Es kann sein, dass wir es in der ersten Phase schon mit unseren Gefühlen bezüglich Missachtung zu tun bekamen und sie mithilfe der Übungen ein Stück weit annehmen konnten. In dieser zweiten Phase geht es nun ganz gezielt um diese Gefühle.

Normalerweise fühlen wir uns schlecht mit Gefühlen wie Verletztheit und Wut gegenüber einer erniedrigenden Behandlung. Und zwar deshalb, weil wir diese Gefühle als »negative Gefühle« bewerten. Oft können wir uns dann sogar noch weniger annehmen, weil wir so »schlechte Gefühle« haben. Diese Gefühle sind jedoch genau die, die wir brauchen, um Grenzverletzungen wahrnehmen und uns dagegen wehren zu können.

Es ist unser innerer Sinn für Würde und Selbstachtung, der es spürt und dagegen aufsteht, wenn wir schlecht behandelt werden. Er äußert sich in dem Gefühl von Verletzung und Traurigkeit und unserer Wut über die Erniedrigung.

Ja, die Wut gibt uns die Kraft, uns zu wehren, wenn wir schlecht behandelt werden. Solange wir uns jedoch selbst schlecht fühlen mit der Wut und damit nach außen gehen, ist die Wahrscheinlichkeit groß, dass wir nur in einem weiteren Schlagabtausch landen. Entscheidend für einen fruchtbaren

Umgang mit der Wut ist nämlich *nicht*, dass wir sie einfach »rauslassen«. Vielmehr geht es darum, dass sie in uns selbst genug Raum hat und wir sie nicht mehr als »negatives« Gefühl empfinden, sondern als Kraft spüren und in Besitz nehmen.

Wenn wir auf diese Weise die Wut annehmen, können wir in uns selbst ruhen und entschieden und mit Bestimmtheit die nötigen Grenzen setzen, ohne selbst den Anderen anzugreifen. (Mehr dazu in meinem E-Book »Negative Gefühle?«).

## Übung 16: Erniedrigung verarbeiten

1. Zum Einstieg nutzt du Übung 1 oder 2, bis du dich gut mit deiner Selbstliebe verbunden fühlst.
2. Im nächsten Schritt erinnerst du dich an eine Situation, in der du schlecht behandelt wurdest. Du denkst an die Situation und die genaueren Umstände, lässt die Erinnerungen deutlicher werden und schaust dir die wichtigsten Punkte noch einmal vor deinem inneren Auge an.
3. Jetzt spürst du nach, was du in Bezug auf die Situation fühlst und wo in deinem Körper. Sei dir klar darüber, dass deine Gefühle die Antwort deiner Seele auf diese Situation sind (und nicht die Situation selbst).
4. Nun gehst du ganz zu diesen Gefühlen hin, atmest und beziehst sie mehr und mehr in deine Selbstliebe mit ein.

(Bei Bedarf kannst du mit Übung 1 oder 2 abschliessen). Nachdem du diese Übung einige Mal gemacht hast und dabei in deiner Selbstliebe gelandet bist, kannst du zur nächsten Übung übergehen.

## Übung 17: Grenzsetzung vorbereiten

Du weißt wahrscheinlich, welche Situationen für dich meistens erniedrigend sind. Oder du hast dir inzwischen vorgenommen, bei bestimmten Verhaltensweisen eine Grenze zu setzen. (Beispiel: *»Lass mich bitte ausreden!«*). Wähle eine solche Situation und durchlaufe die nächsten Schritte.

1. Zum Einstieg nutzt du ein paar Sequenzen von Übung 1 oder auch Übung 2, bis du dich gut mit deiner Selbstliebe verbunden fühlst.
2. Im nächsten Schritt denkst du an eine Situation, in der du normalerweise schlecht behandelt wirst. Stelle dir vor, wie sie abläuft und spüre, was du dabei fühlst.
3. Nun gehst du ganz zu diesen Gefühlen hin, atmest und beziehst sie mehr und mehr in deine Selbstliebe mit ein.
4. Sobald du diese Gefühle in deine Selbstliebe miteinbeziehen kannst, stellst du dir vor, wie du beginnst, Grenzen zu setzen und auszudrücken, was du in dieser Situation willst. Atme dabei und spüre, wie sich das anfühlt.

## Phase drei

Wir haben nun innerlich den Boden bereitet und den Weg geebnet, um von der Selbstliebe aus auf Übertritte anderer antworten zu können. Ab jetzt geht es im Wesentlichen um das »Gewusst wie« der Kommunikation. Denn selbst wenn wir in unserer Selbstliebe ruhen und ohne den anderen angreifen zu wollen eine Grenze setzen oder eine Bitte formulieren, können in unseren Worten noch Angriffe und Schuldzuweisungen liegen. *»Mir geht's schlecht, weil du ...«*

Ich kann hier nicht erschöpfend auf das Thema »Bewusste Kommunikation« eingehen, aber ein paar grundsätzliche Dinge will ich sagen. Auch wenn du über den Anderen Urteile im Kopf hast (*»dieses arrogante Schwein!«*): Kein Urteil wird dem anderen in all seinen Facetten jemals gerecht werden – und er wird sich daher zu Recht gegen jedes Urteil wehren.

Statt also den anderen zu verurteilen, bleibe bei dem, was in dieser Situation wirklich nötig ist: deine Selbstliebe und der Kontakt zu deinen Bedürfnissen. Spreche von dir, von dem, was du wahrnimmst und fühlst – und vor allem – von dem, was du brauchst. Das geht, ohne den anderen zu diagnostizieren, mit ungewollten Rat-Schlägen zu bombardieren oder anderweitig anzugreifen.

Wenn nötig, führe dazu eine ruhige Situation herbei, in der ihr euch beide sicher fühlt. Sorge im Verlauf des Gesprächs dafür, dass du zu einer konkreten Vereinbarung kommst.

Eine gute Quelle für eine Form der Kommunikation, die Brücken schlägt und beim anderen ankommt, ist übrigens

»Gewaltfreie Kommunikation« nach Marshall Rosenberg. Am Ende des Buches füge ich unter »Links« dazu eine Webseite ein.

## Potenzial verwirklichen

Wie viel von unserem inneren Potenzial verwirklichen wir in der äußeren Realität? Dies ist ein weiterer Aspekt, der unseren Austausch mit dem Umfeld prägt. Er bestimmt mit darüber, wie sehr wir in unserem eigenen Leben »vorkommen« und ist sozusagen die Lokomotive, die unsere Selbst-Entfaltung voranbringt.

Wie kommen wir damit in Kontakt? Potenzial, das wir noch nicht leben, zeigt sich meist in unserer Sehnsucht danach. In anderen Worten: Es wird in unseren »Herzenswünschen« deutlich. Fehlende Selbstliebe führt jedoch oft dazu, dass wir gar nicht wissen, welche Herzenswünsche in unserer Seele schlummern. Wir erfüllen dann, so gut wir können, die Erwartungen anderer und navigieren durchs Leben wie ein Schiff ohne Kompass.

Der Abschnitt über *Ausweitung im Potenzial* behandelte schon Wege, mit unseren Herzenswünschen in Kontakt zu kommen und Übungen, um das lebendige Potenzial in ihnen zu aktivieren. Warum ist es darüber hinaus von so entscheidender Bedeutung, uns die Erfüllung dieser Herzenswünsche zum Ziel zu setzen? Reicht es nicht, erst einmal leichtere Dinge in Angriff zu nehmen? So könnte man denken, aber umgekehrt ist es leichter. Wenn wir einen tiefen Herzenswunsch ernst nehmen und ihn uns als Ziel setzen, wird dadurch eine Menge Energie aktiviert. Er wird so zu einer Lokomotive, an die wir eine ganze Reihe von Waggons (andere Ziele) anhängen können. Sprich: Wir können dann leichter auch Ziele erreichen, die nicht unmittelbar mit unserem Herzenswunsch zu tun haben; einfach deswegen, weil unsere Lokomotive unter Dampf steht und uns kraftvoll voranzieht.

Ohne unsere wahren Herzenswünsche als Ziel zu setzen, gleichen wir dagegen jemandem, der versucht, eine Reihe von Waggons voran zu schieben und übersieht, dass er ja seine Lokomotive entstauben und vor die Waggons spannen könnte.

Und ja, natürlich: Ziele zu erreichen ist generell Honig für das Selbstbewusstsein. Aber wenn es sich um fremdbestimmte Ziele handelt oder solche, die aus Ersatz- beziehungsweise Vermeidungswünschen abgeleitet sind, wird die Art von Selbstbewusstsein gepäppelt, die uns von unserem wahren Wesen wegführt. Was dann wächst, ist nicht unsere Selbstentfaltung, sondern geborgtes Selbstbewusstsein und Fremdbestimmung.

Ganz Anderes aber geschieht, wenn wir nicht *irgendwelche* Ziele erreichen, sondern Dinge, die unseren tiefsten Sehnsüchten entsprechen. Wenn wir unsere Herzenswünsche nicht nur spüren, sondern auch verwirklichen, ist das Gefühl der Erfüllung mit nichts zu vergleichen.

### »Mal sehen, was passiert!«

Mitunter können wir zwar Grenzen setzen, wir können auch wunderbar in der Gegenwart sein, uns selbst lieben, unsere Wünsche spüren und all das genießen – doch in dem Moment, in dem wir unsere tiefsten Wünsche zu Zielen machen und uns vornehmen, sie zu verwirklichen, haben Versagensangst, das KASA-Syndrom und ähnlich stressige Gebilde Hochkonjunktur.

Manche setzen sich deshalb gar keine bewussten Ziele und sagen: *»Ich lasse lieber alles auf mich zukommen. Mal sehen, was passiert.«* Eine solche Haltung ist zwar gut geeignet, wenn es darum geht, sich mit dem Fluss treiben zu lassen, aber für das Durchqueren des Flusses taugt sie nicht. Schon gar nicht für das Bauen einer Brücke. Warum nicht beides pflegen und entwickeln: die Fähigkeit, uns mit dem Fluss treiben zu lassen und die Fähigkeit, ihn zu überqueren?

Die Frage, wie wir unsere kreative Kraft stärken können (sprich: unsere Fähigkeit, Ziele zu verwirklichen), das ist Stoff für ein eigenes Buch. Hier jedoch schon einmal so viel: Du wirst diese Fähigkeit nur entwickeln, wenn du dich auf den Weg machst und Schritt für Schritt jede innere Barriere überwindest und jede äußere Herausforderung meisterst. Wirst du manchmal alles hinschmeißen wollen? Auf jeden Fall! Ist das ein Hindernis dafür, deine Herzenswünsche verwirklichen zu können? Nur, wenn du es als solches nimmst.

Die nächste Übung hilft dir, dich auf den Weg zu machen – zur Erfüllung deines größten Herzenswunsches. Du weißt ja: Dieser Weg beginnt mit dem ersten Schritt – auch wenn der erst einmal (nur) darin besteht, eine klare Beschreibung deines Herzenswunsches zu erstellen, oder einen Eintrag in deinem Kalender.

## Übung 18: Herzenswünsche verwirklichen – der erste Schritt

1. Du beginnst mit Übung 12 »Herzenswünsche spüren« und schreibst dabei die hochkommenden Wünsche auf eine Liste. Optimal ist, wenn du die Augen dabei schließen kannst und jemand anderes die einzelnen Punkte aufschreibt.
2. Du kreuzt die Punkte an, die dir am meisten am Herzen liegen.
3. Nun wählst du von der Liste den Punkt aus, bei dem du am meisten Energie und Motivation spürst (abgesehen von allen Einwänden, die dir durch den Kopf schwirren mögen).
4. Als nächstes erstellst du eine Liste: *»Etwas, was ich tun könnte, um …* (meinen Herzenswunsch) *zu verwirklichen, ist: …«*
   Führe das als Spontan-Liste durch; das heißt, du wiederholst innerlich den Satz und schreibst dann schnell auf, was kommt – ohne zu zensieren oder beim Wiederholen des Satzes nachzudenken.
   Da darf ruhig Unsinn stehen, denn erst bei Schritt 5 wählst du aus.

5. Als letztes wählst du von der Liste aus Schritt 4 die Punkte aus, die du wirklich tun möchtest und erstellst eine sinnvolle Abfolge (Plan, To-do-Liste). Beginne möglichst noch heute mit dem ersten Schritt!

## V. – Konsolidierung

Dieser Faktor wird allzu oft in seiner Bedeutung unterschätzt, und ein Mangel an Selbstliebe wird uns immer wieder darüber hinweggehen lassen. Aber nur, wenn wir uns zu eigen machen, was wir gelernt haben, nur wenn wir das Erreichte würdigen und auskosten, kommt es vollständig bei uns an. Nur dann kann es uns in vollem Umfang nähren, stärken und bereichern, und nur dann kann es sich in uns festigen und zu unserer neuen Basis werden.

Das KASA-Syndrom nimmt uns die nötige Konsolidierung immer wieder weg, weil es uns schon nach dem nächsten Problem, dem nächsten zu erreichenden Schritt schielen lässt. Wie also können wir diesen so wichtigen fünften Faktor authentischer Entwicklung stärken?

Wir stärken die Festigung nach gelungenen Wachstums-Schritten, indem wir uns anerkennen für das, was wir erreicht haben, anstatt auf das zu starren, was noch fehlt; indem wir jeden vollzogenen Schritt als solchen wertschätzen und auskosten und indem wir uns alles neu Gelernte zu eigen machen. Die nächsten beiden Übungen helfen, das konkret einzuüben.

## Übung 19: Späte Anerkennung

1. Du erstellst eine Liste: »Dinge, die ich wollte und erreicht habe« und beziehst auch Dinge mit ein, die später nicht zum ersehnten Ergebnis geführt haben. (Selbst wenn der neue Job sich später als zu stressig entpuppt hat, ändert das nichts daran, dass du ihn durch dein eigenes Handeln bekommen hast.)

2. Als nächstes wählst du von der Liste drei erreichte Resultate aus, die deine Aufmerksamkeit auf sich ziehen, weil sie besonders schwierig oder besonders bereichernd waren.

3. Du gehst zum ersten dieser Resultate, denkst noch einmal daran, wie es zu jener Zeit war, atmest und spürst, wie es sich anfühlt, das damals erreicht zu haben. Du nimmst so noch einmal im Nachhinein das erreichte Resultat in Besitz. Vielleicht hilft zur Bekräftigung ein Satz wie: *»Ja, ich habe das damals erreicht!«*

4. Nun gehst du mit der Frage nach innen, welche Handlungsweise, innere Kraft, Fähigkeit dir damals geholfen hat, dieses Resultat zu erreichen. Du atmest und fühlst, wie es ist, über diese Fähigkeit zu verfügen. Ein Satz wie: *»Ja, ich habe die Fähigkeit zu …«*, kann helfen, das zu bekräftigen.

5. Du durchläufst Schritt 3 und 4 mit den weiteren ausgewählten Punkten aus der Liste.

## Übung 20: Das abendliche Ernte-Ritual

1. Bei dieser Übung denkst du eine Woche lang jeden Abend (am besten vor dem Einschlafen) an die »Früchte«, die du ernten kannst, wenn du an den vergangenen Tag zurück denkst. Solche Früchte können sein: was du von anderen empfangen hast, was dir gelungen ist und was du lernen konntest. Du denkst an eine solche Frucht und »erntest« sie. Das heißt: du atmest einige Male tief und langsam ein, so als wolltest du sie in dich aufnehmen. Du machst dich dabei vollkommen empfänglich dafür, du füllst dich an mit dem damit verbundenen Wohlgefühl, der möglichen Dankbarkeit und Freude.
2. Wenn dir dieses Vorgehen für eine Woche gefallen hat, dehnst du es auf einen Monat aus.
3. Wenn es dir für einen Monat gefallen hat, lässt du es zu einer guten Gewohnheit werden.

### Hinweise

***Einwand:*** *»Mir fällt nichts ein, was ich anerkennen oder empfangen könnte!«*

Am Anfang kann es dir so vorkommen, als gäbe es nichts davon für dich. Bleib dran und schaue genauer hin. Vielleicht war jemand freundlich, der es sonst nicht ist, und du kannst das empfangen?

Vielleicht konntest du in einer bestimmten Situation etwas mehr zu dir stehen, und du kannst das jetzt anerkennen? Vielleicht hast du, ohne es zu merken, etwas gelernt oder kannst es im nachhinein tun, wenn du den Tag im Rückblick noch einmal durchgehst? Und: Wenn du dir mehr Material für das Abend-Ernte-Ritual bereitstellen willst, kannst du die ersten vier Faktoren stärken und du wirst mehr Früchte für dein Ritual haben.

***Das Abend-Ernte-Ritual wirkt voraus***: Nach eine Weile wirst du vielleicht merken, dass du tagsüber schon darauf achtest, was du am Abend auf diese Weise wirst anerkennen können. Wunderbar! Und wenn es sich bei den erreichten Resultaten um Dinge handelt, die du von der Selbstliebe aus getan hast, wird die Befriedigung dabei umso tiefer reichen.

***Wichtig:*** Finde eine Form, alle größeren Resultate und Errungenschaften zu feiern – nicht nur für dich selbst, sondern auch mit anderen.

Zum Abschluss dieses Kapitels eine Frage an dich: Ich habe in den letzten beiden Kapiteln ausführlich die Fünf Faktoren authentischer Entfaltung besprochen und Übungen zu deren Stärkung vermittelt. Habe ich damit das KASA-Syndrom vom Sockel geholt? Restlos? Ich hoffe es. Solange es nämlich noch so tun kann, als wäre es nötig, um uns zu verändern, so lange sabotiert es unsere Selbstliebe und behindert unsere natürliche Entwicklung.

Um das Thema authentischer Entfaltung abzurunden, will ich jetzt zwei Prinzipien ansprechen, die dabei untergründig und subtil wirken. Diese Prinzipien zu kennen, kann dein Vorankommen zusätzlich enorm erleichtern. Das KASA-Syndrom blockiert nämlich nicht nur die Fünf Faktoren, es verstößt auch noch gegen ein natürliches Gesetz unserer Entfaltung und schwächt deren eigentliche Schubkraft.

*»Jeder Grashalm hat seinen Engel,*
*der sich über ihn beugt und ihm zuflüstert:*
*Wachse, wachse.«*

Aus dem Talmud

# Zwei verborgene Prinzipien von Entfaltung

Die beiden Prinzipien, um die es jetzt gehen wird, wirken meist verdeckt und sind doch auf den ersten Blick nicht gerade von umwerfender Neuigkeit. Manchem Leser werden sie gar wie Binsenweisheiten erscheinen. Aber wenn wir uns ihr Wirken bewusst machen und vor allem, wenn wir anfangen, sie in der eigenen Denkweise zu berücksichtigen, hat das überraschend große Konsequenzen für die Art, wie wir an unsere eigene Entwicklung heran gehen.

## Das Gesetz der Ausweitung

***»Wo etwas ist, kann etwas werden«***
***Oder: »Von nichts kommt nichts«***

Diese Gesetzmäßigkeit ist offensichtlich und alte Volksweisheiten bringen sie auf den Punkt. Als Kinder haben wir »Von nix kommt nix« zwar meist nur gehört, wenn es darum ging, uns zum fleißigen Lernen anzuhalten. Das Wachsen aus dem, was da ist und *nicht*, aus dem was nicht, das spielt jedoch in der Natur eine wichtige Rolle und auch in unserem Leben. Trotzdem verhalten wir uns oft nicht danach, wenn es um unsere persönliche Entwicklung geht. Schauen wir uns das genauer an.

Wenn wir den Wunsch haben, organisierter zu sein, spontaner zu leben oder uns selbstbewusster auszudrücken, dann ist immer ein gewisses Ausmaß davon schon da – und sei es nur als Keim, der sich im Sehnen nach der erwünschten Qualität äußert. Geben wir diesem vorhandenen Ausmaß unsere Aufmerksamkeit und was es sonst noch zum Wachsen braucht, dann wird daraus gesetzmäßig mehr.

Stattdessen aber schielen wir oft zerknirscht auf unseren Mangel an Selbstbewusstsein, Ordnung, Spontaneität, Offenheit, Ausgeglichenheit oder was auch immer das Thema sein mag. Wir reiten darauf herum und tun so, als würde durch genug Schielen und Reiten aus dem Mangel das Gewünschte werden!

Oder scheuen wir uns hier nur vor dem zweiten Schritt? Denn wenn uns der Schaden schmerzt, den eine innere Begrenzung in unserem Leben verursacht, ist das oft der erste Schritt dazu, eine Veränderung zu wollen. Im *zweiten* Schritt aber müssen wir uns fragen, was wir *stattdessen* wollen und *diese* Qualität in uns stärken. Solange wir dagegen weiterhin den ersten Schritt wiederholen, indem wir uns eine Begrenzung oder einen Mangel vorhalten, solange treten wir auf der Stelle.

Wohlgemerkt habe ich nichts gegen das Arbeiten an inneren Begrenzungen. Ganz im Gegenteil, ich bin für deren möglichst rasche Auflösung. Wenn wir aber dabei nicht jahrelang auf der Stelle treten oder ganz in die Irre gehen wollen, müssen wir uns anschauen, auf welche Weise wir an unsere Begrenzungen herangehen.

An dieser Stelle gewinnt ein Aspekt des »Gesetzes der Ausweitung« große Bedeutung: Nehmen wir an, ein inneres Potenzial von uns will mehr Raum einnehmen und stärker ins Leben treten, doch es gibt andere Anteile von uns, die es begrenzen. Wenn sich nun dieses Potenzial ausweitet, wird es dadurch die begrenzenden Anteile anstoßen und stärker spürbar machen. Wir haben das alle schon erlebt. Ein paar Beispiele:

Lange waren wir mit unserer sicheren und bequemen Arbeitsstelle ganz zufrieden. Doch nun ist es uns dort so eng geworden, dass wir es nicht mehr aushalten. Wir hätten gute Chancen, uns selbständing machen, aber nur daran zu denken, lässt uns angstvoll zurückschrecken. Warum? Der stärker werdende Sinn für Selbstausdruck stößt auf Anteile, die bisher nur in der Unterordnung und in vorgegebenen Mustern Sicherheit finden konnte.

Auf einmal werden wir extrem empfindlich für alles, was wie eine Nichtachtung aussehen könnte. Warum? Weil unsere Seele entschieden hat, mehr aus unserer Selbstliebe zu leben und nun alles heilen will, was mit fehlender Wertschätzung zu tun hat.

Wir haben uns frisch verliebt und plötzlich kommen schmerzliche Erinnerungen und Gefühle über unsere letzte Beziehung hoch, die wir doch eigentlich schon längst »hinter uns gelassen« hatten. Warum gerade jetzt? Einfach weil die sich ausweitende Liebe die ausgegrenzten Gefühle bezüglich Liebe aufrührt.

In allen diesen Beispielen beginnt ein Teil von uns, sich auszuweiten und deshalb auf innere Barrieren zu stoßen.

Wenn wir nun an den querliegenden inneren Anteilen halt machen, wird die beginnende Entfaltung gestoppt. Wir können aber auch den entstandenen Entwicklungs-Schub nutzen, um diese inneren Anteile mit einzubeziehen und uns so gestärkt weiter zu entwickeln.

Das wäre dann die natürliche Art, wie inneres Wachstum geschieht. Und wenn es um die Frage geht, wie wir an unsere Begrenzungen herangehen, empfehle ich, auf dieses *Gesetz der Ausweitung* zurückzugreifen. Hier noch einmal kurz zusammen gefasst, warum das so sinnvoll ist.

Das Gesetz der Ausweitung für unsere Entwicklung zu nutzen, hat drei Vorteile:

1. Wir beziehen Kraft für unsere Entwicklung aus einem vorhandenen Potenzial, das gerade sowieso Energie in Bewegung setzen möchte, statt uns an vom Kopf gesetzten Zielen abzuarbeiten.
2. Das sich ausweitende Potenzial stärkt unsere Motivation und unsere Bereitschaft, die darauf liegenden Begrenzungen zu verarbeiten und zu integrieren.
3. Wir werden genau *die* inneren Barrieren bearbeiten und überwinden, die tatsächlich anstehen und zwar genau in der Reihenfolge, wie sie in uns vorliegen, anstatt uns möglicherweise jahrelang an Themen abzuarbeiten, die für unsere Seele gar nicht anstehen.

Wenn es so eindeutige Vorteile dafür gibt, stellt sich die Frage, warum das *Gesetz der Ausweitung* außerhalb von SAMAYA nicht häufiger für Therapie und Coaching genutzt wird. Weil es nicht zum gewohnten KASA-Syndrom passt? Es passt tatsächlich nicht – umso mehr aber zu Selbstliebe und authentischer Entfaltung.

Deswegen empfehle ich, dass wir innere Begrenzungen am besten gemäß des Gesetzes der Ausweitung angehen. Statt uns nur mit den inneren Barrieren herumzuschlagen, fragen wir also nach der inneren Qualität oder Kraft, die sich bei dem jeweiligen Thema ausweiten will. Dann können wir Wege finden, diese gezielt zu stärken, was mehr Schubkraft in den Prozess bringt und gleichzeitig unsere Möglichkeiten erweitert, die Begrenzungen tatsächlich zu überwinden.

Ein Beispiel: Nehmen wir an, wir haben es mit Ängsten zu tun. Statt uns jetzt nur an der Angst selbst abzuarbeiten, stärken wir bewusst unseren Sinn für Geborgenheit und Schutz. Wir suchen dafür gezielt Situationen auf, in denen wir uns geborgen und geschützt fühlen und kosten sie aus. Von da aus machen wir dann kleine Schritte, um uns auch in bisher Angst auslösende Situationen hinein zu begeben. Wir beziehen die aufkommenden Ängste liebevoll mit ein und feiern jeden Schritt an zurück gewonnener Geborgenheit.

Genauso wie bei diesem Beispiel können wir auch bei anderen Themen gewinnen, wenn wir das Gesetz der Ausweitung berücksichtigen. Schüchternheit, Aggressivität, traumatische Erfahrungen oder mangelnder Kontakt zu Gefühlen: wie auch immer das Thema heißt, die Perspektive von Ausweitung und Integration wird dabei hilfreich sein. Bevor ich nun gleich zu der vergessenen Schubkraft komme, hier noch eine generelle Formulierung der drei Aspekte des Gesetzes der Ausweitung.

**Die drei Aspekte des Gesetzes der Ausweitung**

1. Jegliches innere Potenzial wird gestärkt, wenn wir es in seinem vorhandenen Maße anerkennen. Und es weitet sich aus, wenn wir es innerlich mit Aufmerksamkeit und Energie (Atem) nähren oder durch unser Handeln aktivieren.
2. Falls es begrenzende Anteile gibt, die zu einem sich ausweitenden Potenzial im Widerspruch stehen, werden wir durch die Ausweitung zur gegebenen Zeit und in der anstehenden Reihenfolge darauf stoßen.
3. Klammern wir die begrenzenden Anteile weiterhin aus, kommt die Ausweitung ins Stocken. Beziehen wir sie mit ein, wird der sich ausweitende Anteil dadurch bereichert und kann weiter wachsen.

Wenn nun klar ist, dass wir bei unseren Entwicklungsthemen am besten nach dem Gesetz der Ausweitung vorgehen, kommen wir jetzt zu einem zweiten Prinzip, das hier meist vernächlässigt wird.

# Die Schubkraft authentischer Entfaltung

Was drängt dich, etwas für deine Entwicklung zu tun? Was willst du damit erreichen? Welche Kraft in dir schiebt in diese Richtung? Diese Fragen sind wichtig. Denn wenn uns nicht klar ist, um was es uns im Grunde geht, laufen wir Gefahr, unsere Beschäftigung mit bestimmten Methoden und Themen zum Selbstzweck zu machen. Wir drehen uns dann mitunter jahrelang im Kreise, und die eigentliche Schubkraft unserer Entwicklung läuft ins Leere.

Allzu oft, wenn ich jemandem diese Fragen stelle, gibt es jedoch eine Überraschung. Viele wissen nämlich nicht mehr, was der eigentliche Antrieb ihrer Bemühungen ist. Erst wenn ich immer weiter frage, wird klar, um was es im Endeffekt geht.

*»Warum machst du Familienstellen?« – »Weil es immer noch viele Probleme in meiner Familie gibt, die wohl vor Generationen entstanden sind.« – »Was versprichst du dir davon, da weiter zu kommen?« – »Dass es mehr Liebe und Harmonie in unserer Familie geben wird.« – »Warum willst du mehr Liebe und Harmonie in deine Familie bringen?« – »Weil ich mich dann besser fühlen werde!«*

*»Warum machst du Rückführungen in vergangene Leben?« – »Weil wohl manche meiner Blockaden aus vergangenen Leben stammen, und die möchte ich lösen!« – »Warum willst du die Blockaden lösen?« – »Weil ich mich dann besser fühlen werde!«*

*»Warum gehst du in den Meditations-Kurs?« – »Weil ich merke, dass ich immer noch am Ego anhafte.« – »Was versprichst du dir davon, vom Ego loszulassen?« – »Dass ich nicht mehr leide, dass ich andauernde Freude und vielleicht sogar Erleuchtung erfahren werde.«*

Alles, was wir für unsere Entwicklung tun, dient ein und demselben Zweck: uns besser zu fühlen, mehr Wohlgefühl im Körper zu erleben und mehr Freude, Liebe und Erfüllung in unser Leben zu bringen. Das ist die Motivation und die Schubkraft unserer Entfaltung. Sie zeigt sich in unserem Sehnen nach mehr Wohlgefühl; in dem instinktiven Wissen, dass mehr Lebensfreude und Glück möglich sind.

Warum also nicht von Anfang an die Schubkraft unserer Entwicklung nutzen und gemäß des Gesetzes der Ausweitung vorgehen? Warum beziehen wir uns, wenn es um unsere Entwicklung geht, nicht auf die innere Basis an Wohlgefühl, stärken diese und weiten uns darin aus? Wir hätten die Schubkraft unserer Entwicklung im Rücken; es würden genau die Barrieren berührt, die zwischen uns und mehr Wohlgefühl stehen; wir hätten eine gute Basis dafür, diese Begrenzungen zu verarbeiten und aufzulösen, und wir könnten in der Auswahl unserer Themen nicht daneben liegen.

Ich nenne dieses Vorgehen auch »Ausweitung im Wohlgefühl«. Normalerweise sehen wir Wohlgefühl als etwas, das wir nur durch bestimmte äußere Situationen erlangen können. *Ausweitung im Wohlgefühl* geht anders vor. Die Basis unseres Wohlgefühls suchen wir dabei im liebevollen Kontakt zu uns selbst, zu unserem Körper und unseren Gefühlen. Darauf gestützt weiten wir das Wohlgefühl auf immer mehr Bereiche unserer Lebens aus. Hier dazu eine Übung aus dem SAMAYA-Zusammenhang, die auch ohne Kenntnis dieser Methode hilfreich sein kann:

## Übung 21: Ausweitung im Wohlgefühl

1. Spüre das Ausmaß, zu dem du dich relativ entspannt und wohl fühlst (auch wenn es noch so klein ist).
2. Gib deine ganze Aufmerksamkeit dorthin und erlaube dir dieses Ausmaß an Wohlgefühl voll und ganz auszukosten. (Auch ein kleines bisschen Wohlgefühl kannst du zu hundert Prozent genießen).
3. Erlaube dir nun, das Ausmaß an Wohlgefühl doppelt so stark zu genießen. Atme langsam und sanft und tanke dich mit dem Wohlgefühl auf. (Tatsächlich ist deine Fähigkeit, dein Wohlgefühl zu genießen, unbegrenzt.)
4. Spüre, ob durch dieses Ausweiten, die auf dem Wohlgefühl sitzenden Begrenzungen deutlicher werden, und wenn ja, wo dies geschieht.
5. Umhülle diese Begrenzungen mit dem Atem, entspanne drumherum und beziehe die ausgeklammerten Anteile in deine Akzeptanz und deinen Sinn für Wohlgefühl mit ein.

Leider steht das KASA-Syndrom der Orientierung am Wohlgefühl direkt im Weg, verhindert dessen Vertiefung und Ausweitung und blockiert so die Schubkraft unserer Entwicklung. Deshalb gibt es Menschen, die jahrelang eine Methode anwenden und an bestimmten Themen arbeiten, obwohl die Schubkraft ihrer Entwicklung überhaupt nicht in die jeweilige Richtung drängt.

### Wie nutzen wir die zwei Prinzipien?

Etwas passiert bereits dadurch, dass wir sie uns in ihrer Wirkungsweise klar machen. Je mehr das geschieht, desto mehr wird sich das in unserer normalen Denkweise niederschlagen.

Eine naheliegende Möglichkeit besteht auch darin, das Wissen über die »Fünf Faktoren« intensiv zu nutzen und dabei beide Prinzipien bewusst wirken zu lassen. Das heißt: Wir praktizieren die entsprechenden Übungen (vor allem auch die bezüglich unserer Herzenswünsche). Wir tragen die Selbstliebe mit dem Atem in immer tiefere Schichten und weiten uns dabei in Selbstliebe und Wohlgefühl aus. Und wenn dann innere Barrieren auftauchen, beziehen wir sie in unsere Selbstliebe mit ein.

Zusätzlich können wir etwas tun, um unseren gesamten Lebensstil am Wohlgefühl zu orientieren. Dieses weiterführende Thema sprengt leider den Rahmen, aber es gibt ein eigenes PDF-Ebook mit dem Titel »Ausweitung im Wohlgefühl« dazu. Es enthüllt unbewusste Programmierungen, die uns glauben machen, wir wüchsen nur, indem wir uns durch Leid und Schmerz hindurch kämpfen; es erklärt die Herkunft des

»Glückseeligkeitstraumas« und gibt konkrete Hinweise, wie wir unseren Lebensstil so umgestalten können, dass er unserer Entwicklung dient. Weiter unten beschreibe ich die zwei Formen, wie du dieses E-Book bekommen kannst.

Wer aber darüberhinaus eine besonders effektive Methode sucht, seine Entfaltung gemäß der hier dargestellten Prinzipien voranzubringen, der wird sie in der SAMAYA-Methode finden. Zum einen, weil sie auf der körperlich-gefühlsmäßigen Ebene vorgeht, statt auf gedankliche Interpretationen angewiesen zu sein; zum anderen, weil sie uns befähigt, körperlich spürbar unser Wohlgefühl zu vertiefen und alle auftauchenden Begrenzungen zu integrieren.

*Kaum etwas kann dein Leben so zum Guten wenden wie dies: Wenn ein einfaches Nach-innen-Gehen dich mit deiner Selbstliebe verbindet.*

# Zum Ausklang …

## Ein Blick zurück – und voraus

Das Ende dieses Buches ist nun fast erreicht. Ein guter Moment, um innezuhalten und sich zu fragen, wie weit wir bisher gekommen sind.

Ganz am Anfang des Buches stellte ich etwas Verheißungsvolles in Aussicht. Ich sagte, dass kaum etwas dein Leben so zum Guten wenden kann wie dies: Wenn ein einfaches Nach-innen-Gehen dich mit deiner Selbstliebe verbindet.

Kannst du jetzt mehr damit anfangen als zu Beginn? Kannst du dir nun vorstellen, dass du deinen Zugang zur Selbstliebe schrittweise freiräumen wirst? Dass du irgendwann mit der entsprechenden Absicht nach innen gehst – und schon bist du mit deiner Selbstliebe verbunden?

Wir haben gesehen: Uns selbst zu lieben, ist die Grundlage und die Quelle unserer authentischen Entfaltung. Aus der Selbstliebe heraus zu handeln, lässt uns das Potenzial leben, was in uns angelegt ist. Die Erfüllung, die wir dadurch erleben können, ist mit nichts zu vergleichen und durch nichts zu ersetzen. Ist dir das schon vollkommen klar?

Falls du Fragen dazu hast, findest du innerhalb der Miniserie Raum für Fragen und Antworten. Du kannst dich damit aber auch ganz privat per Email an mich wenden. Es lohnt sich jedenfalls, alles zu tun, um sämtliche Zweifel zu klären und aus dem Weg zu räumen.

Wir haben auch gesehen: Das KASA-Syndrom behindert nicht nur die Selbstliebe, sondern alle Fünf Faktoren authentischer Entfaltung. Hast du vor, dich von allen Spuren des KASA-Syndroms in dir zu verabschieden und stattdessen die Fünf Faktoren deiner authentischen Entfaltung zu stärken?

Ich wünsche es dir von ganzem Herzen.

Demian zur Strassen,
März 2016, Tumbaco, Ecuador

***

## Was hältst du von diesem Buch?

Gefällt es dir? Würdest du es empfehlen? Oder findest du, das ist es nicht wert und hast sogar Kritik-Punkte? Beides könnte wichtig für mich sein. Wenn du es empfiehlst, zum Beispiel per Rezension, Email oder über Social Media kann mir das helfen, das Buch bei Amazon sichtbar zu halten. Wenn du Kritik-Punkte hast, können mir die helfen, das Buch zu verbessern – sobald du mir sie mitteilst.

Als Anreiz und kleines Dankeschön für Empfehlung oder Kritik vergebe ich einen Artikel im PDF-Format, der ein hier schon angeschnittenes Thema weiter führt und vertieft, nämlich »Ausweitung im Wohlgefühl«. Dieses fortgeschrittene Thema erkläre ich darin ausführlich auf zweiundzwanzig Seiten. Einige wohltuende Übungen geben diesem Artikel den zusätzlichen, praktischen Gebrauchswert. Schreibe mir einfach eine Email an demian@demianzurstrassen.com mit dem Hinweis auf deine Empfehlung / Rezension bei Amazon oder mit deinen Kritikpunkten. Ich schicke dir dann «postwendend« den Artikel.

# Über den Autor: Demian zur Strassen

## Standort jenseits der Kulturen

Ich kam 1955 in Peru auf die Welt; und zwar als Kind eines deutschen Vaters und einer peruanischen Mutter. Diese zwei sehr unterschiedlichen Kulturen in mir zu vereinen, war von früh an eine Herausforderung. So war es ein großer Einschnitt, als wir 1958 nach Deutschland kamen und ich plötzlich mit einer noch fremden Sprache und Kultur konfrontiert wurde. Und auch später prägte dieses Thema meinen Lebensweg.

Zum einen haben mich sowohl die peruanische als auch die deutsche Denk- und Lebensweise bereichert, zum anderen hat mir dieser Standort zwischen zwei Kulturen den Blick geschärft für kulturell bedingte Beschränkungen und das, was uns als menschlichen Wesen gemeinsam ist.

## Berufliche Meilensteine

Der Antrieb für meinen beruflichen Weg als Therapeut und Coach für Persönlichkeitsentwicklung bestand in meinem eigenen Leidensdruck. Als Jugendlicher befand ich mich zwar noch am Anfang einer vielversprechenden Zukunft, doch Schüchternheit und Depressionen nahmen mir zunehmend die Lust am Leben.

Mit 24 Jahren besuchte ich dann meinen ersten Kurs für Bioenergetik und Gestalt-Therapie. Eine Tür zu meiner Innenwelt war aufgestoßen, einer Dimension, zu der ich vorher keinen Zugang hatte. Es war eine Offenbarung und gleichzeitig weckte es meinen Durst nach mehr.

Ich brach mein Psychologie-Studium zu Gunsten praktischer Ausbildungen ab und es begann eine intensive Studien- und Reise-Zeit (1979–1982) in der ich Humanistische Psychologie studierte (Esalen und Santa Cruz, USA) und Ausbildungen zum Rebirther (USA und Deutschland) und in Osho-Breath-Therapy (Indien) absolvierte.

Alle diese Therapie-Methoden waren zwar hilfreich, aber in ihrer Anwendbarkeit auch begrenzt. Ich suchte weiter nach einer Methode, die als verlässlicher Schlüssel für tiefe Lebensfreude wirken konnte. Erst als ich Vivation kennenlernte und mich (1982–1986) von Jim Leonard, dem Begründer der Methode, zum Vivationlehrer ausbilden ließ, fand diese Suche ihr Ende. Meine berufliche Laufbahn als Therapeut und Coach für Persönlichkeitsentwicklung begann.

Seit 1986 habe ich meine Arbeit durch Seminare und Kurse nach Deutschland, Österreich und in die Schweiz gebracht, außerdem nach Uruguay, Peru, Kolumbien, Venezuela, Mexico und Ecuador.

In dreißig Jahren Tätigkeit und Forschung entwickelte ich Vivation weiter zu SAMAYA (Harmonie der Seele). Parallel dazu entstand auch die Arbeit mit dem Grundthema (negative Selbstdefinitionen), den Amaridianen und den Seelenkräften.

Seit 2008 lebe und arbeite ich mit meiner Frau in Ecuador und gebe weltweit Coaching- und SAMAYA-Sitzungen – auch per Telefon und Skype. Von Zeit zu Zeit komme ich zu Seminaren nach Deutschland.

# Kontakt

**Demian zur Strassen**

E-Mail: demian@demianzurstrassen.com
(Deutsche Telefonnummern rufe ich auf Wunsch kostenlos zurück)

Skype: demiano.enrique

**Website auf Deutsch:**
www.demianzurstrassen.com

**Facebook:**
www.facebook.com/Entwicklung4u
Dort findest du Inhalte zu allen Themen der Persönlichkeitsentwicklung und erfährst unter anderem, wann ich für eins meiner Bücher eine Preis-Aktion starte.

**Blog auf Spanisch:**
www.elcrecimientopersonal.com

**Telefon in Ecuador:**
00593-2-204 8505

# Weitere Veröffentlichungen

**»Negative Gefühle? Die wahre Natur von Wut, Angst und Traurigkeit verstehen und glücklicher leben«.**

*E-Book auf Amazon, Ibooks, Hugendubel und anderen Epub-Plattformen.*

**»Negative Glaubenssätze? Die Geschichte meiner Befreiung und die Entdeckung des Grundthemas«**

Das Grundthema entsteht infolge eines negativen Glaubenssatzes über uns selbst, der meist unbewusst bleibt und unsere gesamte Persönlichkeit prägt. In diesem eBook beschreibe ich anhand meiner eigenen Geschichte ausführlich, wie uns das Grundthema begrenzt und wie wir uns davon befreien können. *E-Book auf Amazon, Ibooks, Hugendubel und anderen Epub-Plattformen.*

**»Positives Denken? Wie es in die Sackgasse führt und Verbundenes Denken daraus befreit.«**

In diesem E-Book enthülle ich die Halbwahrheiten des Positiven Denkens und biete Alternativen. *Kindle E-Book*

**»Seelenkräfte«**

Der Anfang eines Buch-Manuskriptes, das die Seele als ein »sich selbst regulierendes System«, als einen vollständigen energetischen Organismus beschreibt. Der Hintergrund für das Verständnis der herausgeforderten Gefühle.
*20 Seiten, PDF*

# Links

**Selbstliebe-Übungen und Miniserie:**

www.demianzurstrassen.com/selbstliebe-ms

**Generelles zu SAMAYA:**

www.demianzurstrassen.com/samaya

**Gewaltfreie Kommunikation**

www.gewaltfrei-dach.eu

17127488R00092

Printed in Poland
by Amazon Fulfillment
Poland Sp. z o.o., Wrocław